中华经典诵读工程丛书

海内外各界力量全球推动
千百万儿童数年实践硕果

道德经 黄帝内经（选）

DAO DE JING
HUANG DI NEI JING

北京四海经典文化传播中心 编

经典诵读

華夏出版社
HUAXIA PUBLISHING HOUSE

精·熟·悟·用·巧·新

——《中华经典诵读工程丛书》序

经典教育在海内外开展二十多年，越来越多的人已经看到，中国人正处于有史以来最大的一次求学世界的历程，与此同时，中华经典也正在经历有史以来最大的一次普及、弘扬和光大。这套“中华经典诵读工程丛书”，就是诞生于这样的氛围之中。目前入选书目有：《论语》《孟子》《诗经》《礼记（选）》《大学·中庸·孝经》《周易》《道德经·黄帝内经（选）》《三字经·百家姓·千字文·蒙求》《弟子规·龙文鞭影》《声律启蒙·笠翁对韵》，共十种。这十种图书中，既有中华文化的传世经典，又有中华文化的传统入门读物，言语隽永，含义深远；既有文化积累、智慧启蒙的作用，又有规范言行、培养人格的功能，非常适合儿童诵读。

本套丛书的体例是原文加注音，古今字、通假字以右下角黑框标出，人名、地名、朝代名等专有名词以改变拼音字体的形式标出。出于保护儿童视力的需要，我们采用了大字排版的版式，希望孩子能在轻松的阅读中进行背诵。为了保证本套丛书的质量，我们请专业学者在这些经典通行本的基础上进行注音和校勘，并请权威专家进行审定，以保证本套图书的质量。

读书要讲究方法。方法对头，事半功倍。一些大德告诫说：读书贵在读经典，读经典贵在熟读。熟读而后能悟，悟而后能用，用而后生巧，巧而后出新。这也是经典诵读工程推出的初衷。总起来就是精、熟、悟、用、巧、新六个字。其中，悟、用、巧、新这四个过程中是有解释的。但是解释最好在精、熟的基础上进行。至于在心无旁骛、一心熟读的过程中开悟、证悟，那更是了不得的事情，一般所谓解释都用不着了。

读经典就是平素说的精读。精读就是选择最好的书来读，把它读熟，背出来，默写出来。一熟就把书本变成自己的东西，等于放在自家的仓库里，在哪个柜子的哪一层，都知道。随用随取，不会搞错。用多了，自然心灵手巧，会有神来之笔、天造之功，不晓得哪里来的新思路，新主意，新做法。孔子在《周易·系辞》里说“阴阳不测之谓神”，浑然天成，大概就是这种境界了。

精、熟、悟、用、巧、新——六个字中，精、熟是根基，悟字是关键。悟是左边一个心（忄）、右边一个我（吾），我自己心灵开悟、自己证悟。自己懒得去悟，等着别人讲解，久了自己大脑萎缩，心机不转，手脚不灵，把自己废了。或者好为人师，讲个不停，不给别人自悟的机会，造成他人大脑萎缩，心机不转，手脚不灵，等于把别人废了。古德说："塞人悟门，罪莫大焉。"别人的悟门不要塞，自己的悟门不要堵，有人认为这是中国古代经典教育的一大诀窍。

这个诀窍——

第一，充分相信每个人自己的力量。用现代话说，是以学生为中心，以学生自己学习为主。反过来就不行，譬如母鸡孵小鸡，刚刚孵几分钟，就迫不及待，用喙把蛋壳啄开，结果连蛋黄蛋清都流出来，小鸡连影子都没有。这就叫塞人悟门。开门迎客，太客气了，热得烫手，搞得人家坐也不是，站也不是，搞得人家不好意思再来，就是关门的高招，拒客的妙策。开早了、开多了、开宽了、开深了，都是塞。简言之，滥开就是塞，把学生耳朵捅开往里灌，就是塞。这里所谓学生，包括一切读经典的人，小孩子和大人都算，读经典的老师也算，因为老师读经典的时候就是学生。

第二，尊师重教。经典是圣人贤人的话，圣贤是大家的教师，我们读经典，就是对圣贤和圣贤的教导起恭敬心、尊重心，不要随意解释，不要望文生义，不要勉强猜测。怎么办？熟读了再说。熟读就是接触圣贤的原话，等于亲聆圣贤教诲，"与经典同行，与圣贤为友"。好比圣贤就在眼前，无比亲切，耳提面命。直接听圣贤讲话，直截了当，不掺水，无盗版，不需要中间人传话，不轻信道听途说。

第三，得意忘言，离名绝相。语言这个东西，难得说圆满。"名可名，非常名"，言不尽意，"一解释就错"的情况多，更何况意不尽理，理不尽事。圣贤的话，句句实在，不止是说说而已，根本是实证所得。实证所得之意，往往是普通的言语说不尽、道不明的，常常是因人而异、看人说话、因材施教的。贵在对机，贵在得意忘言，离名绝相，付诸行动，在践行中体悟、证悟，而不是寻章摘句，死读书，死讲解。

第四，各类经典的解释，需要过来人，需要明白人，更需要圣贤身教。按照《说文》，所谓教，乃是上行下效的意思。身教重于言教。说多了，言过其实，自己没实证，别人也没实证，就容易把说教看破。看破了经典，谁还读呢？也许是没看破，真的看破就好了，得意忘言了。翻开《论语·阳货第十七》，孔子说：我不想说什么了。天说了什么呢？四季运行，万物生长，天说了什么呢？《论语·里仁第四》又说："君子欲讷于言而敏于行。"如果没有实证的解释，没有严格的践行，没有得意忘言的功夫，很可能把经典解释成离经叛道的空话、大话、怪话。有识之士预言：知识经济中，最大的风险乃是知识风险、经验风险。强不知以为知，就是风险的一种。这也是古人经常提醒的。这个提醒值得注意。在没有圣贤的场合，虽然人人可以畅所欲言，但是不可自以为是。相互交流、共同探讨是可以的，是值得提倡的，但是把一孔之见和主观臆测当作真知灼见，用以注释经典，就可能害人害己，很可能会把解经变成毁经，铸成大错。

第五，自悟贵在无心。有心悟道，难得一悟。无心悟道吗？然而无心则无我，谁在悟道呢？都值得思考。《论语·子罕第九》说："子绝四：毋意，毋必，毋固，毋我。"看来是主张把我字丢掉，把偏狭的臆测丢掉。虽然说代人吃饭、替人读书、替人悟道都做不到，然而自己亲自吃、亲自读、亲自悟的时候，却不能自以为是"皇上"，反而要放下这个"朕"、这个"我"、这个皇位，学"无位真人"，虚怀若谷，上下与天地同流，拜众人为师，才成。不过这样一说，似乎已经在解经典，进了自己所设的禁区，因此需要补充一句：此话属于自言自语，也可以作为畅所欲言的一孔之见，仅供交流。有了这种心理准备，虽然有所注释，有所交流，大概就不担心毁经之过了。正如《楞严经》历数修行中种种毛病偏颇时所说的三句话："暂得如是，非为圣证。不作圣心，名善境界。若作圣解，即受群邪。"又说："悟则无咎。"用科学精神来说，就是主张在研究实验过程中，不要把阶段性成果（暂得如是）当作最终真理顶礼膜拜（非为圣证，不作圣心），明白了这一点（悟），有些毛病缺点也不要紧（则无咎），也是好事（名善境界）。否则就会把片面的东西当作全体（若作圣解），迷在局部出不来，很容易犯各种错误（即受群邪）。

第六，以经解经。经典读多了，融会贯通：这本经典讲得详细的，那本经典中可能只是提一下；这本经典没说的，那本经典可能说了。就一本经典而言，前文没说的，后文可能说了；一处简单提到的，别处可能详说。多读经典，用经典注解经典，靠经典领悟经典，是个好办法。

有了好书，有了好方法，那就开始读吧。

中华经典诵读工程丛书编委会
2018年7月

mù lù
目 录

dào dé jīng
道 德 经

huáng dì nèi jīng
黄帝内经（选）

dào dé jīng
道 德 经

dì yī zhāng
第一章

dào kě dào fēi cháng dào míng kě míng fēi cháng míng
道可道，非常道；名可名，非常名。

wú míng tiān dì zhī shǐ yǒu míng wàn wù zhī mǔ gù
无，名天地之始；有，名万物之母。故

cháng wú yù yǐ guān qí miào cháng yǒu yù yǐ guān qí
常无，欲以观其妙；常有，欲以观其

jiào cǐ liǎng zhě tóng chū ér yì míng tóng wèi zhī xuán xuán
徼。此两者，同出而异名，同谓之玄。玄

zhī yòu xuán zhòng miào zhī mén
之又玄，众妙之门。

dì èr zhāng
第二章

tiān xià jiē zhī měi zhī wéi měi sī è yǐ jiē zhī
天下皆知美之为美，斯恶已；皆知

shàn zhī wéi shàn sī bú shàn yǐ gù yǒu wú xiāng shēng nán
善之为善，斯不善已。故有无相生，难

yì xiāng chéng cháng duǎn xiāng xíng gāo xià xiāng qīng yīn shēng
易相成，长短相形，高下相倾，音声

xiāng hè qián hòu xiāng suí shì yǐ shèng rén chǔ wú wéi zhī
相和，前后相随。是以圣人处无为之
shì xíng bù yán zhī jiào wàn wù zuò ér fú cí shēng ér
事，行不言之教。万物作而弗辞，生而
fú yǒu wéi ér fú shì gōng chéng ér fú jū fú wéi fú
弗有，为而弗恃，功成而弗居。夫唯弗
jū shì yǐ bú qù
居，是以不去。

dì sān zhāng
第三章

bú shàng xián shǐ mín bù zhēng bú guì nán dé zhī
不尚贤，使民不争；不贵难得之
huò shǐ mín bù wéi dào bú xiàn kě yù shǐ mín xīn bú
货，使民不为盗；不见（现）可欲，使民心不
luàn shì yǐ shèng rén zhī zhì xū qí xīn shí qí fù
乱。是以圣人之治，虚其心，实其腹，
ruò qí zhì qiáng qí gǔ cháng shǐ mín wú zhī wú yù shǐ
弱其志，强其骨。常使民无知无欲，使
fú zhì zhě bù gǎn wéi yě wéi wú wéi zé wú bú zhì
夫智者不敢为也。为无为，则无不治。

dì sì zhāng
第四章

dào chōng ér yòng zhī huò bù yíng yuān xī sì wàn wù zhī zōng cuò qí ruì jiě qí fēn hé qí guāng tóng qí chén zhàn xī sì huò cún wú bù zhī shuí zhī zǐ xiàng dì zhī xiān

道冲，而用之或不盈，渊兮似万物之宗。挫其锐，解其纷，和其光，同其尘。湛兮似或存，吾不知谁之子，象帝之先。

dì wǔ zhāng
第五章

tiān dì bù rén yǐ wàn wù wéi chú gǒu shèng rén bù rén yǐ bǎi xìng wéi chú gǒu tiān dì zhī jiān qí yóu tuó yuè hū xū ér bù qū dòng ér yù chū duō yán shuò qióng bù rú shǒu zhōng

天地不仁，以万物为刍狗；圣人不仁，以百姓为刍狗。天地之间，其犹橐龠乎！虚而不屈，动而愈出。多言数穷，不如守中。

dì liù zhāng

第六章

gǔ shén bù sǐ shì wèi xuán pìn xuán pìn zhī mén

谷神不死，是谓玄牝。玄牝之门，

shì wèi tiān dì gēn mián mián ruò cún yòng zhī bù qín

是谓天地根。绵绵若存，用之不勤。

dì qī zhāng

第七章

tiān cháng dì jiǔ tiān dì suǒ yǐ néng cháng qiě jiǔ zhě

天长地久。天地所以能长且久者，

yǐ qí bú zì shēng gù néng cháng shēng shì yǐ shèng rén hòu

以其不自生，故能长生。是以圣人后

qí shēn ér shēn xiān wài qí shēn ér shēn cún fēi yǐ qí wú

其身而身先，外其身而身存。非以其无

sī yé gù néng chéng qí sī

私邪耶？故能成其私。

dì bā zhāng
第八章

shàng shàn ruò shuǐ shuǐ shàn lì wàn wù ér bù zhēng chǔ zhòng rén zhī suǒ wù gù jī yú dào jū shàn dì xīn shàn yuān yǔ shàn rén yán shàn xìn zhèng shàn zhì shì shàn néng dòng shàn shí fú wéi bù zhēng gù wú yóu

上善若水。水善利万物而不争，处众人之所恶，故几于道。居善地，心善渊，与善仁，言善信，政善治，事善能，动善时。夫唯不争，故无尤。

dì jiǔ zhāng
第九章

chí ér yíng zhī bù rú qí yǐ zhuī ér ruì zhī bù kě cháng bǎo jīn yù mǎn táng mò zhī néng shǒu fù guì ér jiāo zì yí qí jiù gōng suì shēn tuì tiān zhī dào

持而盈之，不如其已；揣而锐之，不可长保；金玉满堂，莫之能守；富贵而骄，自遗其咎。功遂身退，天之道。

dì shí zhāng
第十章

zài yíng pò bào yī néng wú lí hū zhuān qì zhì
载营魄抱一，能无离乎？专气致
róu néng rú yīng ér hū dí chú xuán lǎn néng wú cī
柔，能如婴儿乎？涤除玄览，能无疵
hū ài mín zhì guó néng wú wéi hū tiān mén kāi hé néng
乎？爱民治国，能无为乎？天门开阖，能
wéi cí hū míng bái sì dá néng wú zhì hū shēng zhī
为雌乎？明白四达，能无知智乎？生之
xù zhī shēng ér bù yǒu wéi ér bú shì zhǎng ér bù zǎi
畜之。生而不有，为而不恃，长而不宰，
shì wèi xuán dé
是谓玄德。

dì shí yī zhāng
第十一章

sān shí fú gòng yì gǔ dāng qí wú yǒu chē zhī yòng
三十辐共一毂，当其无，有车之用；
shān zhí yǐ wéi qì dāng qí wú yǒu qì zhī yòng záo hù
埏埴以为器，当其无，有器之用；凿户

yǒu yǐ wéi shì dāng qí wú yǒu shì zhī yòng gù yǒu zhī
牖以为室，当其无，有室之用：故有之

yǐ wéi lì wú zhī yǐ wéi yòng
以为利，无之以为用。

dì shí èr zhāng
第十二章

wǔ sè lìng rén mù máng wǔ yīn lìng rén ěr lóng wǔ
五色令人目盲；五音令人耳聋；五

wèi lìng rén kǒu shuǎng chí chěng tián liè lìng rén xīn fā kuáng
味令人口爽；驰骋田猎，令人心发狂；

nán dé zhī huò lìng rén xíng fáng shì yǐ shèng rén wèi fù
难得之货，令人行妨。是以圣人为腹

bú wèi mù gù qù bǐ qǔ cǐ
不为目，故去彼取此。

dì shí sān zhāng
第十三章

chǒng rǔ ruò jīng guì dà huàn ruò shēn hé wèi chǒng rǔ
宠辱若惊，贵大患若身。何谓宠辱

ruò jīng chǒng wéi xià dé zhī ruò jīng shī zhī ruò jīng
若惊？宠为下，得之若惊，失之若惊，

shì wèi chǒng rǔ ruò jīng hé wèi guì dà huàn ruò shēn wú
是谓宠辱若惊。何谓贵大患若身？吾

suǒ yǐ yǒu dà huàn zhě wèi wú yǒu shēn jí wú wú shēn
所以有大患者，为吾有身。及吾无身，

wú yǒu hé huàn gù guì yǐ shēn wèi tiān xià ruò kě jì tiān
吾有何患？故贵以身为天下，若可寄天

xià ài yǐ shēn wèi tiān xià ruò kě tuō tiān xià
下；爱以身为天下，若可托天下。

dì shí sì zhāng

第十四章

shì zhī bú jiàn míng yuē yí tīng zhī bù wén míng yuē
视之不见名曰夷，听之不闻名曰

xī bó zhī bù dé míng yuē wēi cǐ sān zhě bù kě zhì
希，搏之不得名曰微。此三者不可致

jié gù hùn ér wéi yī qí shàng bù jiǎo qí xià bú
诘，故混而为一。其上不皦，其下不

mèi shéng shéng bù kě míng fù guī yú wú wù shì wèi wú
昧，绳绳不可名，复归于无物。是谓无

zhuàng zhī zhuàng wú wù zhī xiàng shì wèi hū huǎng yíng zhī
状之状，无物之象，是谓惚恍。迎之

bú jiàn qí shǒu suí zhī bú jiàn qí hòu zhí gǔ zhī dào
不见其首，随之不见其后。执古之道，

yǐ yù jīn zhī yǒu néng zhī gǔ shǐ shì wèi dào jì
以御今之有，能知古始，是谓道纪。

dì shí wǔ zhāng
第十五章

gǔ zhī shàn wéi dào zhě wēi miào xuán tōng shēn bù kě
古之善为道者，微妙玄通，深不可
shí fú wéi bù kě shí gù qiǎng wèi zhī róng yù xī ruò
识。夫唯不可识，故强为之容：豫兮若
dōng shè chuān yóu xī ruò wèi sì lín yǎn xī qí ruò kè
冬涉川，犹兮若畏四邻，俨兮其若客，
huàn xī ruò bīng zhī jiāng shì dūn xī qí ruò pǔ kuàng xī
涣兮若冰之将释，敦兮其若朴，旷兮
qí ruò gǔ hùn xī qí ruò zhuó shú néng zhuó yǐ jìng zhī
其若谷，混兮其若浊。孰能浊以静之
xú qīng shú néng ān yǐ dòng zhī xú shēng bǎo cǐ dào zhě
徐清？孰能安以动之徐生？保此道者，
bú yù yíng fú wéi bù yíng gù néng bì ér xīn chéng
不欲盈。夫唯不盈，故能蔽而新成。

dì shí liù zhāng
第十六章

zhì xū jí shǒu jìng dǔ wàn wù bìng zuò wú yǐ
致虚极，守静笃。万物并作，吾以
guān fù fú wù yún yún gè fù guī qí gēn guī gēn yuē
观复。夫物芸芸，各复归其根。归根曰
jìng jìng yuē fù mìng fù mìng yuē cháng zhī cháng yuē míng
静，静曰复命。复命曰常，知常曰明。
bù zhī cháng wàng zuò xiōng zhī cháng róng róng nǎi gōng gōng
不知常，妄作凶。知常容，容乃公，公
nǎi quán quán nǎi tiān tiān nǎi dào dào nǎi jiǔ mò shēn
乃全，全乃天，天乃道，道乃久。没身
bú dài
不殆。

dì shí qī zhāng
第十七章

tài shàng bù zhī yǒu zhī qí cì qīn ér yù zhī
太上，不知有之；其次，亲而誉之；
qí cì wèi zhī qí cì wǔ zhī xìn bù zú yān yǒu
其次，畏之；其次，侮之。信不足焉，有

bú xìn yān yōu xī qí guì yán gōng chéng shì suì bǎi xìng
不信焉。悠兮其贵言。功成事遂，百姓
jiē wèi wǒ zì rán
皆谓："我自然。"

dì shí bā zhāng
第十八章

dà dào fèi yǒu rén yì zhì huì chū yǒu dà wěi
大道废，有仁义；智慧出，有大伪；
liù qīn bù hé yǒu xiào cí guó jiā hūn luàn yǒu zhōng chén
六亲不和，有孝慈；国家昏乱，有忠臣。

dì shí jiǔ zhāng
第十九章

jué shèng qì zhì mín lì bǎi bèi jué rén qì yì
绝圣弃智，民利百倍；绝仁弃义，
mín fù xiào cí jué qiǎo qì lì dào zéi wú yǒu cǐ sān
民复孝慈；绝巧弃利，盗贼无有。此三
zhě yǐ wéi wén bù zú gù lìng yǒu suǒ shǔ jiàn sù bào
者，以为文不足，故令有所属：见素抱
pǔ shǎo sī guǎ yù jué xué wú yōu
朴，少私寡欲，绝学无忧。

dì èr shí zhāng

第二十章

wéi zhī yǔ ē xiāng qù jǐ hé shàn zhī yǔ è
唯之与阿，相去几何？善之与恶，
xiāng qù ruò hé rén zhī suǒ wèi bù kě bú wèi huāng xī
相去若何？人之所畏，不可不畏。荒兮
qí wèi yāng zāi zhòng rén xī xī rú xiǎng tài láo rú chūn
其未央哉！众人熙熙，如享太牢，如春
dēng tái wǒ dú bó xī qí wèi zhào rú yīng ér zhī wèi
登台；我独泊兮其未兆，如婴儿之未
hái lěi lěi xī ruò wú suǒ guī zhòng rén jiē yǒu yú ér
孩。儽儽兮若无所归！众人皆有余，而
wǒ dú ruò kuì wǒ yú rén zhī xīn yě zāi dùn dùn
我独若遗[匮]。我愚人之心也哉，沌沌
xī sú rén zhāo zhāo wǒ dú hūn hūn sú rén chá chá
兮！俗人昭昭，我独昏昏；俗人察察，
wǒ dú mèn mèn dàn xī qí ruò hǎi liáo xī ruò wú zhǐ
我独闷闷。澹兮其若海，飂兮若无止。
zhòng rén jiē yǒu yǐ ér wǒ dú wán sì bǐ wǒ dú yì yú
众人皆有以，而我独顽似鄙。我独异于
rén ér guì shí mǔ
人，而贵食母。

dì èr shí yī zhāng

第二十一章

kǒng dé zhī róng wéi dào shì cóng dào zhī wéi wù
孔德之容，惟道是从。道之为物，
wéi huǎng wéi hū hū xī huǎng xī qí zhōng yǒu xiàng huǎng
惟恍惟惚。惚兮恍兮，其中有象；恍
xī hū xī qí zhōng yǒu wù yǎo xī míng xī qí zhōng yǒu
兮惚兮，其中有物。窈兮冥兮，其中有
jīng qí jīng shèn zhēn qí zhōng yǒu xìn zì gǔ jí jīn
精。其精甚真，其中有信。自古及今，
qí míng bú qù yǐ yuè zhòng fǔ wú hé yǐ zhī zhòng fǔ zhī
其名不去，以阅众甫。吾何以知众甫之
zhuàng zāi yǐ cǐ
状哉！以此。

dì èr shí èr zhāng

第二十二章

qū zé quán wǎng zé zhí wā zé yíng bì zé xīn
曲则全，枉则直，洼则盈，敝则新，
shǎo zé dé duō zé huò shì yǐ shèng rén bào yī wéi tiān xià
少则得，多则惑。是以圣人抱一为天下

shì bú zì xiàn gù míng bú zì shì gù zhāng bú zì
式。不自见（现），故明；不自是，故彰；不自
fá gù yǒu gōng bú zì jīn gù cháng fú wéi bù zhēng
伐，故有功；不自矜，故长。夫唯不争，
gù tiān xià mò néng yǔ zhī zhēng gǔ zhī suǒ wèi qū zé
故天下莫能与之争。古之所谓“曲则
quán zhě qǐ xū yán zāi chéng quán ér guī zhī
全”者，岂虚言哉！诚全而归之。

dì èr shí sān zhāng
第二十三章

xī yán zì rán gù piāo fēng bù zhōng zhāo zhòu yǔ bù
希言自然。故飘风不终朝，骤雨不
zhōng rì shú wéi cǐ zhě tiān dì tiān dì shàng bù néng
终日。孰为此者？天地。天地尚不能
jiǔ ér kuàng yú rén hū gù cóng shì yú dào zhě tóng yú
久，而况于人乎？故从事于道者，同于
dào dé zhě tóng yú dé shī zhě tóng yú shī tóng yú
道；德者，同于德；失者，同于失。同于
dào zhě dào yì lè dé zhī tóng yú dé zhě dé yì lè
道者，道亦乐得之；同于德者，德亦乐
dé zhī tóng yú shī zhě shī yì lè dé zhī xìn bù zú
得之；同于失者，失亦乐得之。信不足

yān yǒu bú xìn yān
焉，有不信焉。

dì èr shí sì zhāng
第二十四章

qǐ zhě bú lì kuà zhě bù xíng zì xiàn zhě bù
企者不立，跨者不行。自见(现)者不
míng zì shì zhě bù zhāng zì fá zhě wú gōng zì jīn zhě bù
明，自是者不彰，自伐者无功，自矜者不
cháng qí zài dào yě yuē yú shí zhuì xíng wù huò wù
长。其在道也，曰：余食赘形。物或恶
zhī gù yǒu dào zhě bù chǔ
之，故有道者不处。

dì èr shí wǔ zhāng
第二十五章

yǒu wù hùn chéng xiān tiān dì shēng jì xī liáo xī
有物混成，先天地生。寂兮寥兮，
dú lì ér bù gǎi zhōu xíng ér bú dài kě yǐ wéi tiān xià
独立而不改，周行而不殆，可以为天下
mǔ wú bù zhī qí míng qiǎng zì zhī yuē dào qiǎng wèi zhī
母。吾不知其名，强字之曰道，强为之

míng yuē dà dà yuē shì shì yuē yuǎn yuǎn yuē fǎn gù
名曰大。大曰逝，逝曰远，远曰反。故

dào dà tiān dà dì dà rén yì dà yù zhōng yǒu sì
道大，天大，地大，人亦大。域中有四

dà ér rén jū qí yī yān rén fǎ dì dì fǎ tiān
大，而人居其一焉。人法地，地法天，

tiān fǎ dào dào fǎ zì rán
天法道，道法自然。

dì èr shí liù zhāng
第二十六章

zhòng wéi qīng gēn jìng wéi zào jūn shì yǐ jūn zǐ zhōng
重为轻根，静为躁君。是以君子终

rì xíng bù lí zī zhòng suī yǒu róng guān yàn chǔ chāo rán
日行不离辎重。虽有荣观，燕处超然。

nài hé wàn shèng zhī zhǔ ér yǐ shēn qīng tiān xià qīng zé
奈何万乘之主，而以身轻天下？轻则

shī gēn zào zé shī jūn
失根，躁则失君。

dì èr shí qī zhāng
第二十七章

shàn xíng wú zhé jì shàn yán wú xiá zhé shàn shǔ bú
善行无辙迹，善言无瑕谪，善数不
yòng chóu cè shàn bì wú guān jiàn ér bù kě kāi shàn jié wú
用筹策，善闭无关楗而不可开，善结无
shéng yuē ér bù kě jiě shì yǐ shèng rén cháng shàn jiù rén
绳约而不可解。是以圣人常善救人，
gù wú qì rén cháng shàn jiù wù gù wú qì wù shì wèi
故无弃人；常善救物，故无弃物。是谓
xí míng gù shàn rén zhě bú shàn rén zhī shī bú shàn rén
袭明。故善人者，不善人之师；不善人
zhě shàn rén zhī zī bú guì qí shī bú ài qí zī
者，善人之资。不贵其师，不爱其资，
suī zhì dà mí shì wèi yào miào
虽智大迷。是谓要妙。

dì èr shí bā zhāng
第二十八章

zhī qí xióng shǒu qí cí wéi tiān xià xī wéi tiān
知其雄，守其雌，为天下溪。为天

xià xī cháng dé bù lí fù guī yú yīng ér zhī qí bái
下溪，常德不离，复归于婴儿。知其白，
shǒu qí hēi wéi tiān xià shì wéi tiān xià shì cháng dé bú
守其黑，为天下式。为天下式，常德不
tè fù guī yú wú jí zhī qí róng shǒu qí rǔ wéi
忒，复归于无极。知其荣，守其辱，为
tiān xià gǔ wéi tiān xià gǔ cháng dé nǎi zú fù guī yú
天下谷。为天下谷，常德乃足，复归于
pǔ pǔ sàn zé wéi qì shèng rén yòng zhī zé wéi guān zhǎng
朴。朴散则为器，圣人用之，则为官长。
gù dà zhì bù gē
故大制不割。

dì èr shí jiǔ zhāng
第二十九章

jiāng yù qǔ tiān xià ér wéi zhī wú jiàn qí bù dé
将欲取天下而为之，吾见其不得
yǐ tiān xià shén qì bù kě wéi yě wéi zhě bài zhī
已。天下神器，不可为也。为者败之，
zhí zhě shī zhī fú wù huò xíng huò suí huò xū huò chuī
执者失之。夫物或行或随，或歔或吹，
huò qiáng huò léi huò zài huò huī shì yǐ shèng rén qù shèn
或强或羸，或载或隳。是以圣人去甚，

qù shē qù tài
去奢，去泰。

dì sān shí zhāng
第三十章

yǐ dào zuǒ rén zhǔ zhě bù yǐ bīng qiáng tiān xià qí shì hào huán shī zhī suǒ chǔ jīng jí shēng yān dà jūn zhī hòu bì yǒu xiōng nián shàn zhě guǒ ér yǐ bù yǐ qǔ qiáng guǒ ér wù jīn guǒ ér wù fá guǒ ér wù jiāo guǒ ér bù dé yǐ guǒ ér wù qiáng wù zhuàng zé lǎo shì wèi bú dào bú dào zǎo yǐ
以道佐人主者，不以兵强天下。其事好还。师之所处，荆棘生焉。大军之后，必有凶年。善者果而已，不以取强。果而勿矜，果而勿伐，果而勿骄，果而不得已，果而勿强。物壮则老，是谓不道，不道早已。

dì sān shí yī zhāng
第三十一章

fú bīng zhě bù xiáng zhī qì wù huò wù zhī gù
夫兵者，不祥之器，物或恶之，故

yǒu dào zhě bù chǔ jūn zǐ jū zé guì zuǒ yòng bīng zé
有道者不处。君子居则贵左，用兵则

guì yòu bīng zhě bù xiáng zhī qì fēi jūn zǐ zhī qì
贵右。兵者，不祥之器，非君子之器，

bù dé yǐ ér yòng zhī tián dàn wéi shàng shèng ér bù měi
不得已而用之，恬淡为上。胜而不美，

ér měi zhī zhě shì lè shā rén fú lè shā rén zhě zé
而美之者，是乐杀人。夫乐杀人者，则

bù kě dé zhì yú tiān xià yǐ jí shì shàng zuǒ xiōng shì shàng
不可得志于天下矣。吉事尚左，凶事尚

yòu piān jiāng jūn jū zuǒ shàng jiāng jūn jū yòu yán yǐ
右。偏将军居左，上将军居右，言以

sāng lǐ chǔ zhī shā rén zhī zhòng yǐ bēi āi lì zhī zhàn
丧礼处之。杀人之众，以悲哀莅之；战

shèng yǐ sāng lǐ chǔ zhī
胜，以丧礼处之。

dì sān shí èr zhāng
第三十二章

dào cháng wú míng pǔ suī xiǎo tiān xià mò néng chén
道常无名，朴虽小，天下莫能臣。

hóu wáng ruò néng shǒu zhī wàn wù jiāng zì bīn tiān dì xiāng
侯王若能守之，万物将自宾。天地相

hé yǐ jiàng gān lù mín mò zhī lìng ér zì jūn shǐ zhì
合，以降甘露，民莫之令而自均。始制

yǒu míng míng yì jì yǒu fú yì jiāng zhī zhǐ zhī zhǐ kě
有名，名亦既有，夫亦将知止，知止可

yǐ bú dài pì dào zhī zài tiān xià yóu chuān gǔ zhī yǔ jiāng
以不殆。譬道之在天下，犹川谷之与江

hǎi
海。

dì sān shí sān zhāng
第三十三章

zhī rén zhě zhì zì zhī zhě míng shèng rén zhě yǒu
知人者智，自知者明。胜人者有

lì zì shèng zhě qiáng zhī zú zhě fù qiáng xíng zhě yǒu
力，自胜者强。知足者富，强行者有

zhì bù shī qí suǒ zhě jiǔ sǐ ér bù wáng zhě shòu
志。不失其所者久，死而不亡者寿。

dì sān shí sì zhāng
第三十四章

dà dào fàn xī qí kě zuǒ yòu wàn wù shì zhī yǐ
大道泛兮，其可左右。万物恃之以

shēng ér bù cí gōng chéng ér bù yǒu yì yǎng wàn wù ér bù
生而不辞，功成而不有，衣养万物而不

wéi zhǔ kě míng yú xiǎo wàn wù guī yān ér bù wéi zhǔ
为主，可名于小；万物归焉而不为主，

kě míng wéi dà yǐ qí zhōng bú zì wéi dà gù néng chéng qí
可名为大。以其终不自为大，故能成其

dà
大。

dì sān shí wǔ zhāng

第三十五章

zhí dà xiàng tiān xià wǎng wǎng ér bú hài ān píng
执大象，天下往。往而不害，安平

tài yuè yǔ ěr guò kè zhǐ dào zhī chū kǒu dàn hū
太。乐与饵，过客止。道之出口，淡乎

qí wú wèi shì zhī bù zú jiàn tīng zhī bù zú wén yòng
其无味，视之不足见，听之不足闻，用

zhī bù zú jì
之不足既。

dì sān shí liù zhāng
第三十六章

jiāng yù xī zhī bì gù zhāng zhī jiāng yù ruò zhī bì gù qiáng zhī jiāng yù fèi zhī bì gù xīng zhī jiāng yù qǔ zhī bì gù yǔ zhī shì wèi wēi míng róu ruò shèng gāng qiáng yú bù kě tuō yú yuān guó zhī lì qì bù kě yǐ shì rén

将欲歙之，必固张之；将欲弱之，必固强之；将欲废之，必固兴之；将欲取之，必固与之。是谓微明。柔弱胜刚强。鱼不可脱于渊，国之利器不可以示人。

dì sān shí qī zhāng
第三十七章

dào cháng wú wéi ér wú bù wèi hóu wáng ruò néng shǒu zhī wàn wù jiāng zì huà huà ér yù zuò wú jiāng zhèn zhī yǐ wú míng zhī pǔ zhèn zhī yǐ wú míng zhī pǔ fú yì jiāng

道常无为而无不为，侯王若能守之，万物将自化。化而欲作，吾将镇之以无名之朴。镇之以无名之朴，夫亦将

wú yù bú yù yǐ jìng tiān xià jiāng zì zhèng
无欲。不欲以静，天下将自正。

dì sān shí bā zhāng
第三十八章

shàng dé bù dé shì yǐ yǒu dé xià dé bù shī
上德不德，是以有德；下德不失
dé shì yǐ wú dé shàng dé wú wéi ér wú yǐ wéi xià
德，是以无德。上德无为而无以为，下
dé wú wéi ér yǒu yǐ wéi shàng rén wéi zhī ér wú yǐ wéi
德无为而有以为。上仁为之而无以为，
shàng yì wéi zhī ér yǒu yǐ wéi shàng lǐ wéi zhī ér mò zhī
上义为之而有以为。上礼为之而莫之
yìng zé rǎng bì ér rēng zhī gù shī dào ér hòu dé shī
应，则攘臂而扔之。故失道而后德，失
dé ér hòu rén shī rén ér hòu yì shī yì ér hòu lǐ
德而后仁，失仁而后义，失义而后礼。
fú lǐ zhě zhōng xìn zhī bó ér luàn zhī shǒu qián shí
夫礼者，忠信之薄，而乱之首。前识
zhě dào zhī huá ér yú zhī shǐ shì yǐ dà zhàng fū chǔ
者，道之华，而愚之始。是以大丈夫处
qí hòu bù jū qí bó chǔ qí shí bù jū qí huá
其厚，不居其薄；处其实，不居其华。

gù qù bǐ qǔ cǐ
故去彼取此。

dì sān shí jiǔ zhāng
第三十九章

xī zhī dé yī zhě tiān dé yī yǐ qīng dì dé yī
昔之得一者：天得一以清，地得一

yǐ níng shén dé yī yǐ líng gǔ dé yī yǐ yíng wàn wù
以宁，神得一以灵，谷得一以盈，万物

dé yī yǐ shēng hóu wáng dé yī yǐ wéi tiān xià zhèng qí zhì
得一以生，侯王得一以为天下正。其致

zhī tiān wú yǐ qīng jiāng kǒng liè dì wú yǐ níng jiāng kǒng
之，天无以清，将恐裂；地无以宁，将恐

fā shén wú yǐ líng jiāng kǒng xiē gǔ wú yǐ yíng jiāng
发；神无以灵，将恐歇；谷无以盈，将

kǒng jié wàn wù wú yǐ shēng jiāng kǒng miè hóu wáng wú yǐ
恐竭；万物无以生，将恐灭；侯王无以

zhèng jiāng kǒng jué gù guì yǐ jiàn wéi běn gāo yǐ xià wéi
正，将恐蹶。故贵以贱为本，高以下为

jī shì yǐ hóu wáng zì wèi gū guǎ bù gǔ cǐ fēi
基。是以侯王自谓孤、寡、不穀，此非

yǐ jiàn wéi běn yé fēi hū gù zhì yù wú yù shì
以贱为本邪[耶]？非乎？故至誉无誉。是

gù bú yù lù lù rú yù luò luò rú shí
故不欲琭琭如玉，珞珞如石。

dì sì shí zhāng
第四十章

fǎn zhě dào zhī dòng ruò zhě dào zhī yòng tiān xià
反者，道之动；弱者，道之用。天下

wàn wù shēng yú yǒu yǒu shēng yú wú
万物生于有，有生于无。

dì sì shí yī zhāng
第四十一章

shàng shì wén dào qín ér xíng zhī zhōng shì wén dào ruò
上士闻道，勤而行之；中士闻道，若

cún ruò wáng xià shì wén dào dà xiào zhī bú xiào bù
存若亡；下士闻道，大笑之。不笑，不

zú yǐ wéi dào gù jiàn yán yǒu zhī míng dào ruò mèi jìn
足以为道。故建言有之：明道若昧，进

dào ruò tuì yí dào ruò lèi shàng dé ruò gǔ dà bái ruò
道若退，夷道若颣，上德若谷，大白若

rǔ guǎng dé ruò bù zú jiàn dé ruò tōu zhì zhēn ruò
辱，广德若不足，建[健]德若偷，质真若

yú dà fāng wú yú dà qì wǎn chéng dà yīn xī shēng
渝，大方无隅，大器晚成，大音希声，

dà xiàng wú xíng dào yǐn wú míng fú wéi dào shàn dài qiě
大象无形，道隐无名。夫唯道，善贷且

chéng
成。

dì sì shí èr zhāng
第四十二章

dào shēng yī yī shēng èr èr shēng sān sān shēng wàn
道生一，一生二，二生三，三生万

wù wàn wù fù yīn ér bào yáng chōng qì yǐ wéi hé rén
物。万物负阴而抱阳，冲气以为和。人

zhī suǒ wù wéi gū guǎ bù gǔ ér wáng gōng yǐ wéi
之所恶，唯孤、寡、不榖，而王公以为

chēng gù wù huò sǔn zhī ér yì huò yì zhī ér sǔn rén
称。故物或损之而益，或益之而损。人

zhī suǒ jiào wǒ yì jiào zhī qiáng liáng zhě bù dé qí sǐ
之所教，我亦教之，强梁者不得其死，

wú jiāng yǐ wéi jiào fù
吾将以为教父。

dì sì shí sān zhāng

第四十三章

tiān xià zhī zhì róu chí chěng tiān xià zhī zhì jiān wú
天下之至柔，驰骋天下之至坚。无
yǒu rù wú jiān wú shì yǐ zhī wú wéi zhī yǒu yì bù yán
有入无间。吾是以知无为之有益。不言
zhī jiào wú wéi zhī yì tiān xià xī jí zhī
之教，无为之益，天下希及之。

dì sì shí sì zhāng

第四十四章

míng yǔ shēn shú qīn shēn yǔ huò shú duō dé yǔ wáng
名与身孰亲？身与货孰多？得与亡
shú bìng shì gù shèn ài bì dà fèi duō cáng bì hòu
孰病？是故，甚爱必大费，多藏必厚
wáng zhī zú bù rǔ zhī zhǐ bú dài kě yǐ cháng jiǔ
亡。知足不辱，知止不殆，可以长久。

dì sì shí wǔ zhāng
第四十五章

dà chéng ruò quē qí yòng bú bì dà yíng ruò chōng qí
大成若缺，其用不弊；大盈若冲，其
yòng bù qióng dà zhí ruò qū dà qiǎo ruò zhuō dà biàn ruò
用不穷。大直若屈，大巧若拙，大辩若
nè zào shèng hán jìng shèng rè qīng jìng wéi tiān xià zhèng
讷。躁胜寒，静胜热，清静为天下正。

dì sì shí liù zhāng
第四十六章

tiān xià yǒu dào què zǒu mǎ yǐ fèn tiān xià wú dào
天下有道，却走马以粪；天下无道，
róng mǎ shēng yú jiāo huò mò dà yú bù zhī zú jiù mò dà
戎马生于郊。祸莫大于不知足，咎莫大
yú yù dé gù zhī zú zhī zú cháng zú yǐ
于欲得。故知足之足，常足矣。

dì sì shí qī zhāng
第四十七章

bù chū hù zhī tiān xià bù kuī yǒu jiàn tiān dào
不出户，知天下；不窥牖，见天道。
qí chū mí yuǎn qí zhī mí shǎo shì yǐ shèng rén bù xíng ér
其出弥远，其知弥少。是以圣人不行而
zhī bú jiàn ér míng bù wéi ér chéng
知，不见而明，不为而成。

dì sì shí bā zhāng
第四十八章

wéi xué rì yì wéi dào rì sǔn sǔn zhī yòu sǔn yǐ
为学日益，为道日损。损之又损，以
zhì yú wú wéi wú wéi ér wú bù wéi qǔ tiān xià cháng yǐ
至于无为，无为而无不为。取天下常以
wú shì jí qí yǒu shì bù zú yǐ qǔ tiān xià
无事，及其有事，不足以取天下。

dì sì shí jiǔ zhāng

第四十九章

shèng rén wú xīn yǐ bǎi xìng xīn wéi xīn shàn zhě wú
圣人无心，以百姓心为心。善者吾

shàn zhī bú shàn zhě wú yì shàn zhī dé shàn xìn zhě
善之，不善者吾亦善之，德得善。信者

wú xìn zhī bú xìn zhě wú yì xìn zhī dé xìn shèng
吾信之，不信者吾亦信之，德得信。圣

rén zài tiān xià xī xī yān wéi tiān xià hún qí xīn
人在天下，歙歙焉；为天下，浑其心。

bǎi xìng jiē zhù qí ér mù shèng rén jiē hái zhī
百姓皆注其耳目，圣人皆孩之。

dì wǔ shí zhāng

第五十章

chū shēng rù sǐ shēng zhī tú shí yǒu sān sǐ zhī
出生入死。生之徒，十有三；死之

tú shí yǒu sān rén zhī shēng dòng zhī sǐ dì yì shí
徒，十有三；人之生，动之死地，亦十

yǒu sān fú hé gù yǐ qí shēng shēng zhī hòu gài wén shàn
有三。夫何故？以其生生之厚。盖闻善

shè shēng zhě lù xíng bú yù sì hǔ rù jūn bú bèi jiǎ
摄生者，陆行不遇兕虎，入军不被甲

bīng sì wú suǒ tóu qí jiǎo hǔ wú suǒ cuò qí zhǎo bīng
兵。兕无所投其角，虎无所措其爪，兵

wú suǒ róng qí rèn fú hé gù yǐ qí wú sǐ dì
无所容其刃。夫何故？以其无死地。

dì wǔ shí yī zhāng
第五十一章

dào shēng zhī dé xù zhī wù xíng zhī shì chéng zhī
道生之，德畜之，物形之，势成之。

shì yǐ wàn wù mò bù zūn dào ér guì dé dào zhī zūn
是以万物莫不尊道而贵德。道之尊，

dé zhī guì fú mò zhī mìng ér cháng zì rán gù dào shēng
德之贵，夫莫之命而常自然。故道生

zhī dé xù zhī zhǎng zhī yù zhī tíng zhī dú zhī yǎng
之，德畜之，长之育之，亭之毒之，养

zhī fù zhī shēng ér bù yǒu wéi ér bú shì zhǎng ér bù
之覆之。生而不有，为而不恃，长而不

zǎi shì wèi xuán dé
宰。是谓玄德。

dì wǔ shí èr zhāng
第五十二章

tiān xià yǒu shǐ, yǐ wéi tiān xià mǔ。 jì dé qí
天下有始，以为天下母。既得其
mǔ, yǐ zhī qí zǐ; jì zhī qí zǐ, fù shǒu qí mǔ,
母，以知其子；既知其子，复守其母，
mò shēn bú dài。 sāi qí duì, bì qí mén, zhōng shēn bù qín;
没身不殆。塞其兑，闭其门，终身不勤；
kāi qí duì, jì qí shì, zhōng shēn bú jiù。 jiàn xiǎo yuē
开其兑，济其事，终身不救。见小曰
míng, shǒu róu yuē qiáng。 yòng qí guāng, fù guī qí míng; wú yí
明，守柔曰强。用其光，复归其明；无遗
shēn yāng, shì wéi xí cháng。
身殃，是为袭常。

dì wǔ shí sān zhāng
第五十三章

shǐ wǒ jiè rán yǒu zhī, xíng yú dà dào, wéi yǐ
使我介然有知，行于大道，唯施迤
shì wèi。 dà dào shèn yí, ér rén hào jìng。 cháo shèn chú,
是畏。大道甚夷，而人好径。朝甚除，

tián shèn wú cāng shèn xū fú wén cǎi dài lì jiàn
田甚芜，仓甚虚；服文彩，带利剑，

yàn yǐn shí cái huò yǒu yú shì wèi dào kuā fēi dào
厌[餍]饮食，财货有余，是谓盗夸。非道

yě zāi
也哉！

dì wǔ shí sì zhāng
第五十四章

shàn jiàn zhě bù bá shàn bào zhě bù tuō zǐ sūn yǐ
善建者不拔，善抱者不脱，子孙以

jì sì bú chuò xiū zhī yú shēn qí dé nǎi zhēn xiū zhī
祭祀不辍。修之于身，其德乃真；修之

yú jiā qí dé nǎi yú xiū zhī yú xiāng qí dé nǎi cháng
于家，其德乃余；修之于乡，其德乃长；

xiū zhī yú bāng qí dé nǎi fēng xiū zhī yú tiān xià qí
修之于邦，其德乃丰；修之于天下，其

dé nǎi pǔ gù yǐ shēn guān shēn yǐ jiā guān jiā yǐ xiāng
德乃普。故以身观身，以家观家，以乡

guān xiāng yǐ bāng guān bāng yǐ tiān xià guān tiān xià wú hé
观乡，以邦观邦，以天下观天下。吾何

yǐ zhī tiān xià zhī rán zāi yǐ cǐ
以知天下之然哉？以此。

dì wǔ shí wǔ zhāng

第五十五章

hán dé zhī hòu bǐ yú chì zǐ fēng chài huǐ shé bú
含德之厚，比于赤子。蜂虿虺蛇不
shì měng shòu bú jù jué niǎo bù bó gǔ ruò jīn róu ér
螫，猛兽不据，攫鸟不搏。骨弱筋柔而
wò gù wèi zhī pìn mǔ zhī hé ér zuī zuò jīng zhī zhì
握固，未知牝牡之合而朘作，精之至
yě zhōng rì háo ér bú shà hé zhī zhì yě zhī hé yuē
也。终日号而不嗄，和之至也。知和曰
cháng zhī cháng yuē míng yì shēng yuē xiáng xīn shǐ qì yuē qiáng
常，知常曰明，益生曰祥，心使气曰强。
wù zhuàng zé lǎo shì wèi bú dào bú dào zǎo yǐ
物壮则老，是谓不道，不道早已。

dì wǔ shí liù zhāng

第五十六章

zhì zhě bù yán yán zhě bú zhì sāi qí duì
知智者不言，言者不知智。塞其兑，
bì qí mén cuò qí ruì jiě qí fēn hé qí guāng tóng qí
闭其门，挫其锐，解其纷，和其光，同其

chén shì wèi xuán tóng gù bù kě dé ér qīn bù kě dé
尘，是谓玄同。故不可得而亲，不可得

ér shū bù kě dé ér lì bù kě dé ér hài bù kě
而疏；不可得而利，不可得而害；不可

dé ér guì bù kě dé ér jiàn gù wéi tiān xià guì
得而贵，不可得而贱。故为天下贵。

dì wǔ shí qī zhāng

第五十七章

yǐ zhèng zhì guó yǐ qí yòng bīng yǐ wú shì qǔ tiān
以正治国，以奇用兵，以无事取天

xià wú hé yǐ zhī qí rán zāi yǐ cǐ tiān xià duō jì
下。吾何以知其然哉？以此。天下多忌

huì ér mín mí pín rén duō lì qì guó jiā zī hūn rén
讳，而民弥贫；人多利器，国家滋昏；人

duō jì qiǎo qí wù zī qǐ fǎ lìng zī zhāng dào zéi duō
多伎巧，奇物滋起；法令滋彰，盗贼多

yǒu gù shèng rén yún wǒ wú wéi ér mín zì huà wǒ hào
有。故圣人云："我无为而民自化，我好

jìng ér mín zì zhèng wǒ wú shì ér mín zì fù wǒ wú yù
静而民自正，我无事而民自富，我无欲

ér mín zì pǔ
而民自朴。"

dì wǔ shí bā zhāng
第五十八章

qí zhèng mèn mèn qí mín chún chún qí zhèng chá chá
其政闷闷，其民淳淳；其政察察，
qí mín quē quē huò xī fú zhī suǒ yǐ fú xī huò zhī
其民缺缺。祸兮福之所倚，福兮祸之
suǒ fú shú zhī qí jí qí wú zhèng zhèng fù wéi jī
所伏。孰知其极？其无正。正复为奇，
shàn fù wéi yāo rén zhī mí qí rì gù jiǔ shì yǐ shèng
善复为妖。人之迷，其日固久。是以圣
rén fāng ér bù gē lián ér bú guì zhí ér bú sì guāng
人方而不割，廉而不刿，直而不肆，光
ér bú yào
而不耀。

dì wǔ shí jiǔ zhāng
第五十九章

zhì rén shì tiān mò ruò sè fú wéi sè shì wèi
治人事天，莫若啬。夫唯啬，是谓
zǎo fú zǎo fú wèi zhī chóng jī dé chóng jī dé zé wú
早服，早服谓之重积德；重积德则无

bú kè wú bú kè zé mò zhī qí jí mò zhī qí jí
不克；无不克则莫知其极；莫知其极，

kě yǐ yǒu guó yǒu guó zhī mǔ kě yǐ cháng jiǔ shì wèi
可以有国；有国之母，可以长久。是谓

shēn gēn gù dǐ cháng shēng jiǔ shì zhī dào
深根固柢，长生久视之道。

dì liù shí zhāng
第六十章

zhì dà guó ruò pēng xiǎo xiān yǐ dào lì tiān xià qí
治大国，若烹小鲜。以道莅天下，其

guǐ bù shén fēi qí guǐ bù shén qí shén bù shāng rén fēi
鬼不神；非其鬼不神，其神不伤人；非

qí shén bù shāng rén shèng rén yì bù shāng rén fú liǎng bù xiāng
其神不伤人，圣人亦不伤人。夫两不相

shāng gù dé jiāo guī yān
伤，故德交归焉。

dì liù shí yī zhāng
第六十一章

dà guó zhě xià liú tiān xià zhī jiāo tiān xià zhī
大国者下流，天下之交，天下之

pìn pìn cháng yǐ jìng shèng mǔ yǐ jìng wéi xià gù dà guó
牝。牝常以静胜牡，以静为下。故大国

yǐ xià xiǎo guó zé qǔ xiǎo guó xiǎo guó yǐ xià dà guó zé
以下小国，则取小国；小国以下大国，则

qǔ dà guó gù huò xià yǐ qǔ huò xià ér qǔ dà guó
取大国。故或下以取，或下而取。大国

bú guò yù jiān xù rén xiǎo guó bú guò yù rù shì rén
不过欲兼畜人，小国不过欲入事人。

fú liǎng zhě gè dé qí suǒ yù dà zhě yí wéi xià
夫两者各得其所欲，大者宜为下。

dì liù shí èr zhāng
第六十二章

dào zhě wàn wù zhī ào shàn rén zhī bǎo bú shàn rén
道者万物之奥，善人之宝，不善人

zhī suǒ bǎo měi yán kě yǐ shì zūn měi xíng kě yǐ jiā
之所保。美言可以市尊，美行可以加

rén rén zhī bú shàn hé qì zhī yǒu gù lì tiān zǐ
人。人之不善，何弃之有？故立天子，

zhì sān gōng suī yǒu gǒng bì yǐ xiān sì mǎ bù rú zuò jìn
置三公，虽有拱璧以先驷马，不如坐进

cǐ dào gǔ zhī suǒ yǐ guì cǐ dào zhě hé bù yuē qiú
此道。古之所以贵此道者何？不曰：求

yǐ dé yǒu zuì yǐ miǎn yé gù wéi tiān xià guì
以得，有罪以免邪耶？故为天下贵。

dì liù shí sān zhāng
第六十三章

wéi wú wéi shì wú shì wèi wú wèi dà xiǎo duō
为无为，事无事，味无味。大小多
shǎo bào yuàn yǐ dé tú nán yú qí yì wéi dà yú qí
少，报怨以德。图难于其易，为大于其
xì tiān xià nán shì bì zuò yú yì tiān xià dà shì bì
细。天下难事，必作于易；天下大事，必
zuò yú xì shì yǐ shèng rén zhōng bù wéi dà gù néng chéng
作于细。是以圣人终不为大，故能成
qí dà fú qīng nuò bì guǎ xìn duō yì bì duō nán shì
其大。夫轻诺必寡信，多易必多难。是
yǐ shèng rén yóu nán zhī gù zhōng wú nán yǐ
以圣人犹难之，故终无难矣。

dì liù shí sì zhāng
第六十四章

qí ān yì chí qí wèi zhào yì móu qí cuì yì pàn
其安易持，其未兆易谋，其脆易泮，

qí wēi yì sàn wéi zhī yú wèi yǒu zhì zhī yú wèi luàn
其微易散。为之于未有，治之于未乱。

hé bào zhī mù shēng yú háo mò jiǔ céng zhī tái qǐ yú
合抱之木，生于毫末；九层之台，起于

lěi tǔ qiān lǐ zhī xíng shǐ yú zú xià wéi zhě bài zhī
累土；千里之行，始于足下。为者败之，

zhí zhě shī zhī shì yǐ shèng rén wú wéi gù wú bài wú
执者失之。是以圣人无为故无败，无

zhí gù wú shī mín zhī cóng shì cháng yú jī chéng ér bài
执故无失。民之从事，常于几成而败

zhī shèn zhōng rú shǐ zé wú bài shì shì yǐ shèng rén yù
之。慎终如始，则无败事。是以圣人欲

bú yù bú guì nán dé zhī huò xué bù xué fù zhòng rén
不欲，不贵难得之货；学不学，复众人

zhī suǒ guò yǐ fǔ wàn wù zhī zì rán ér bù gǎn wéi
之所过；以辅万物之自然而不敢为。

dì liù shí wǔ zhāng

第六十五章

gǔ zhī shàn wéi dào zhě fēi yǐ míng mín jiāng yǐ yú
古之善为道者，非以明民，将以愚

zhī mín zhī nán zhì yǐ qí zhì duō gù yǐ zhì zhì guó
之。民之难治，以其智多。故以智治国，

guó zhī zéi bù yǐ zhì zhì guó guó zhī fú zhī cǐ liǎng
国之贼；不以智治国，国之福。知此两
zhě yì jī shì cháng zhī jī shì shì wèi xuán dé xuán dé
者亦稽式。常知稽式，是谓玄德。玄德
shēn yǐ yuǎn yǐ yǔ wù fǎn yǐ rán hòu nǎi zhì dà shùn
深矣远矣，与物反矣，然后乃至大顺。

dì liù shí liù zhāng
第六十六章

jiāng hǎi suǒ yǐ néng wéi bǎi gǔ wáng zhě yǐ qí shàn xià
江海所以能为百谷王者，以其善下
zhī gù néng wéi bǎi gǔ wáng shì yǐ shèng rén yù shàng mín
之，故能为百谷王。是以圣人欲上民，
bì yǐ yán xià zhī yù xiān mín bì yǐ shēn hòu zhī shì
必以言下之；欲先民，必以身后之。是
yǐ shèng rén chǔ shàng ér mín bú zhòng chǔ qián ér mín bú hài
以圣人处上而民不重，处前而民不害。
shì yǐ tiān xià lè tuī ér bú yàn yǐ qí bù zhēng gù tiān
是以天下乐推而不厌。以其不争，故天
xià mò néng yǔ zhī zhēng
下莫能与之争。

dì liù shí qī zhāng
第六十七章

tiān xià jiē wèi wǒ dào dà sì bú xiào fú wéi dà
天下皆谓我道大，似不肖。夫唯大，

gù sì bú xiào ruò xiào jiǔ yǐ qí xì yě fú wǒ yǒu sān
故似不肖。若肖，久矣其细也夫。我有三

bǎo chí ér bǎo zhī yī yuē cí èr yuē jiǎn sān yuē bù gǎn
宝，持而保之：一曰慈，二曰俭，三曰不敢

wéi tiān xià xiān cí gù néng yǒng jiǎn gù néng guǎng bù
为天下先。慈，故能勇；俭，故能广；不

gǎn wéi tiān xià xiān gù néng chéng qì zhǎng jīn shě cí qiě yǒng
敢为天下先，故能成器长。今舍慈且勇；

shě jiǎn qiě guǎng shě hòu qiě xiān sǐ yǐ fú cí yǐ zhàn
舍俭且广，舍后且先，死矣！夫慈，以战

zé shèng yǐ shǒu zé gù tiān jiāng jiù zhī yǐ cí wèi zhī
则胜，以守则固。天将救之，以慈卫之。

dì liù shí bā zhāng
第六十八章

shàn wéi shì zhě bù wǔ shàn zhàn zhě bú nù shàn shèng
善为士者不武，善战者不怒，善胜

dí zhě bù yǔ shàn yòng rén zhě wéi zhī xià shì wèi bù zhēng
敌者不与，善用人者为之下。是谓不争

zhī dé shì wèi yòng rén zhī lì shì wèi pèi tiān zhī jí
之德，是谓用人之力，是谓配天之极。

dì liù shí jiǔ zhāng
第六十九章

yòng bīng yǒu yán wú bù gǎn wéi zhǔ ér wéi kè
用兵有言：“吾不敢为主而为客，

bù gǎn jìn cùn ér tuì chǐ shì wèi háng wú háng rǎng wú
不敢进寸而退尺。”是谓行无行，攘无

bì rēng wú dí zhí wú bīng huò mò dà yú qīng dí
臂，扔无敌，执无兵。祸莫大于轻敌，

qīng dí jī sàng wú bǎo gù kàng bīng xiāng jiā āi zhě shèng
轻敌几丧吾宝。故抗兵相加，哀者胜

yǐ
矣。

dì qī shí zhāng
第七十章

wú yán shèn yì zhī shèn yì xíng tiān xià mò néng
吾言甚易知，甚易行。天下莫能

zhī mò néng xíng yán yǒu zōng shì yǒu jūn fú wéi wú
知，莫能行。言有宗，事有君。夫唯无

zhī shì yǐ bù wǒ zhī zhī wǒ zhě xī zé wǒ zhě
知，是以不我知。知我者希，则我者

guì shì yǐ shèng rén pī hè huái yù
贵。是以圣人被[披]褐怀玉。

dì qī shí yī zhāng

第七十一章

zhī bù zhī shàng yǐ bù zhī zhī bìng yǐ shèng
知不知，尚矣；不知知，病矣。圣

rén bú bìng yǐ qí bìng bìng fú wéi bìng bìng shì yǐ bú
人不病，以其病病。夫唯病病，是以不

bìng
病。

dì qī shí èr zhāng

第七十二章

mín bú wèi wēi zé dà wēi zhì wú xiá qí suǒ
民不畏威，则大威至。无狭其所

jū wú yā qí suǒ shēng fú wéi bù yā shì yǐ bú
居，无厌其所生。夫唯不厌，是以不

yàn shì yǐ shèng rén zì zhī bú zì xiàn zì ài bú zì
厌。是以圣人自知不自见现，自爱不自

guì gù qù bǐ qǔ cǐ
贵。故去彼取此。

dì qī shí sān zhāng
第七十三章

yǒng yú gǎn zé shā yǒng yú bù gǎn zé huó cǐ liǎng
勇于敢则杀，勇于不敢则活。此两

zhě huò lì huò hài tiān zhī suǒ wù shú zhī qí gù
者，或利或害。天之所恶，孰知其故？

shì yǐ shèng rén yóu nán zhī tiān zhī dào bù zhēng ér shàn
是以圣人犹难之。天之道，不争而善

shèng bù yán ér shàn yìng bú zhào ér zì lái chǎn rán ér shàn
胜，不言而善应，不召而自来，绰然而善

móu tiān wǎng huī huī shū ér bù shī
谋。天网恢恢，疏而不失。

dì qī shí sì zhāng
第七十四章

mín bú wèi sǐ nài hé yǐ sǐ jù zhī ruò shǐ mín
民不畏死，奈何以死惧之？若使民

cháng wèi sǐ ér wéi qí zhě wú dé zhí ér shā zhī shú
常畏死，而为奇者，吾得执而杀之，孰

gǎn cháng yǒu sī shā zhě shā fú dài sī shā zhě shā shì
敢？常有司杀者杀。夫代司杀者杀，是

wèi dài dà jiàng zhuó fú dài dà jiàng zhuó zhě xī yǒu bù shāng
谓代大匠斲。夫代大匠斲者，希有不伤

qí shǒu yǐ
其手矣。

dì qī shí wǔ zhāng
第七十五章

mín zhī jī yǐ qí shàng shí shuì zhī duō shì yǐ
民之饥，以其上食税之多，是以

jī mín zhī nán zhì yǐ qí shàng zhī yǒu wéi shì yǐ nán
饥。民之难治，以其上之有为，是以难

zhì mín zhī qīng sǐ yǐ qí shàng qiú shēng zhī hòu shì yǐ
治。民之轻死，以其上求生之厚，是以

qīng sǐ fú wéi wú yǐ shēng wéi zhě shì xián yú guì shēng
轻死。夫唯无以生为者，是贤于贵生。

dì qī shí liù zhāng

第七十六章

rén zhī shēng yě róu ruò qí sǐ yě jiān qiáng cǎo
人之生也柔弱，其死也坚强。草
mù zhī shēng yě róu cuì qí sǐ yě kū gǎo gù jiān qiáng
木之生也柔脆，其死也枯槁。故坚强
zhě sǐ zhī tú róu ruò zhě shēng zhī tú shì yǐ bīng qiáng
者死之徒，柔弱者生之徒。是以兵强
zé miè mù qiáng zé zhé qiáng dà chǔ xià róu ruò chǔ
则灭，木强则折。强大处下，柔弱处
shàng
上。

dì qī shí qī zhāng

第七十七章

tiān zhī dào qí yóu zhāng gōng yú gāo zhě yì zhī
天之道，其犹张弓与欤！高者抑之，
xià zhě jǔ zhī yǒu yú zhě sǔn zhī bù zú zhě bǔ zhī
下者举之；有余者损之，不足者补之。
tiān zhī dào sǔn yǒu yú ér bǔ bù zú rén zhī dào zé
天之道，损有余而补不足；人之道，则

bù rán sǔn bù zú yǐ fèng yǒu yú shú néng yǒu yú yǐ
不然，损不足以奉有余。孰能有余以

fèng tiān xià wéi yǒu dào zhě shì yǐ shèng rén wéi ér bú
奉天下？唯有道者。是以圣人为而不

shì gōng chéng ér bù chǔ qí bú yù xiàn xián
恃，功成而不处，其不欲见现贤。

dì qī shí bā zhāng
第七十八章

tiān xià mò róu ruò yú shuǐ ér gōng jiān qiáng zhě mò
天下莫柔弱于水，而攻坚强者莫

zhī néng shèng yǐ qí wú yǐ yì zhī ruò zhī shèng qiáng róu
之能胜，以其无以易之。弱之胜强，柔

zhī shèng gāng tiān xià mò bù zhī mò néng xíng shì yǐ shèng
之胜刚，天下莫不知，莫能行。是以圣

rén yún shòu guó zhī gòu shì wèi shè jì zhǔ shòu guó
人云：“受国之垢，是谓社稷主；受国

bù xiáng shì wèi tiān xià wáng zhèng yán ruò fǎn
不祥，是谓天下王。”正言若反。

dì qī shí jiǔ zhāng

第七十九章

hé dà yuàn bì yǒu yú yuàn ān kě yǐ wéi shàn
和大怨，必有余怨，安可以为善？

shì yǐ shèng rén zhí zuǒ qì ér bù zé yú rén yǒu dé sī
是以圣人执左契，而不责于人。有德司

qì wú dé sī chè tiān dào wú qīn cháng yǔ shàn rén
契，无德司彻。天道无亲，常与善人。

dì bā shí zhāng

第八十章

xiǎo guó guǎ mín shǐ yǒu shí bǎi zhī qì ér bú yòng
小国寡民，使有什伯佰之器而不用，

shǐ mín zhòng sǐ ér bù yuǎn xǐ suī yǒu zhōu yú wú suǒ
使民重死而不远徙。虽有舟舆，无所

chéng zhī suī yǒu jiǎ bīng wú suǒ chén zhī shǐ mín fù jié
乘之；虽有甲兵，无所陈之。使民复结

shéng ér yòng zhī gān qí shí měi qí fú ān qí jū
绳而用之。甘其食，美其服，安其居，

lè qí sú lín guó xiāng wàng jī quǎn zhī shēng xiāng wén mín
乐其俗。邻国相望，鸡犬之声相闻，民

zhì lǎo sǐ bù xiāng wǎng lái
至老死不相往来。

dì bā shí yī zhāng
第八十一章

xìn yán bù měi měi yán bú xìn shàn zhě bú biàn
信言不美，美言不信。善者不辩，

biàn zhě bú shàn zhì zhě bù bó bó zhě bú zhì
辩者不善。知【智】者不博，博者不知【智】。

shèng rén bù jī jì yǐ wèi rén jǐ yù yǒu jì yǐ yǔ rén
圣人不积，既以为人己愈有，既以与人

jǐ yù duō tiān zhī dào lì ér bú hài shèng rén zhī dào
己愈多。天之道，利而不害；圣人之道，

wéi ér bù zhēng
为而不争。

huáng dì nèi jīng
黄帝内经（选）

sù wèn shàng gǔ tiān zhēn lùn piān dì yī

素问·上古天真论篇第一

xī zài **Huáng dì** shēng ér shén líng ruò ér néng yán yòu
昔在黄帝，生而神灵，弱而能言，幼
ér xún qí zhǎng ér dūn mǐn chéng ér dēng tiān
而徇齐，长而敦敏，成而登天。

nǎi wèn yú **Tiān shī** yuē yú wén shàng gǔ zhī rén
乃问于天师曰："余闻上古之人，
chūn qiū jiē dù bǎi suì ér dòng zuò bù shuāi jīn shí zhī
春秋皆度百岁，而动作不衰；今时之
rén nián bàn bǎi ér dòng zuò jiē shuāi zhě shí shì yì yé
人，年半百而动作皆衰者，时世异耶？
rén jiāng shī zhī yé
人将失之耶？"

Qí bó duì yuē shàng gǔ zhī rén qí zhī dào zhě
岐伯对曰："上古之人，其知道者，
fǎ yú yīn yáng hé yú shù shù shí yǐn yǒu jié qǐ jū
法于阴阳，和于术数，食饮有节，起居
yǒu cháng bú wàng zuò láo gù néng xíng yǔ shén jù ér jìn
有常，不妄作劳，故能形与神俱，而尽

zhōng qí tiān nián dù bǎi suì nǎi qù
终其天年，度百岁乃去。

jīn shí zhī rén bù rán yě yǐ jiǔ wéi jiāng yǐ wàng wéi cháng zuì yǐ rù fáng yǐ yù jié qí jīng yǐ hào sàn qí zhēn bù zhī chí mǎn bù shí yù shén wù kuài qí xīn nì yú shēng lè qǐ jū wú jié gù bàn bǎi ér shuāi yě
“今时之人不然也，以酒为浆，以妄为常，醉以入房，以欲竭其精，以好散其真，不知持满，不时御神，务快其心，逆于生乐，起居无节，故半百而衰也。

fú shàng gǔ shèng rén zhī jiào xià yě jiē wèi zhī xū xié zéi fēng bì zhī yǒu shí tián dàn xū wú zhēn qì cóng zhī jīng shén nèi shǒu bìng ān cóng lái
“夫上古圣人之教下也，皆谓之：虚邪贼风，避之有时；恬惔虚无，真气从之；精神内守，病安从来？

shì yǐ zhì xián ér shǎo yù xīn ān ér bú jù xíng láo ér bú juàn qì cóng yǐ shùn gè cóng qí yù jiē dé suǒ yuàn gù měi qí shí rèn qí fú lè qí sú gāo xià bù xiāng mù qí mín gù yuē pǔ
“是以志闲而少欲，心安而不惧，形劳而不倦，气从以顺，各从其欲，皆得所愿。故美其食，任其服，乐其俗，高下不相慕，其民故曰朴。

shì yǐ shì yù bù néng láo qí mù yín xié bù néng
“是以嗜欲不能劳其目，淫邪不能
huò qí xīn yú zhì xián bú xiào bú jù yú wù gù hé
惑其心。愚智贤不肖，不惧于物，故合
yú dào suǒ yǐ néng nián jiē dù bǎi suì ér dòng zuò bù shuāi
于道。所以能年皆度百岁而动作不衰
zhě yǐ qí dé quán bù wēi yě
者，以其德全不危也。”

dì yuē rén nián lǎo ér wú zǐ zhě cái lì jìn
帝曰：“人年老而无子者，材力尽
yé jiāng tiān shù rán yě
邪耶，将天数然也？”

Qí bó yuē nǚ zǐ qī suì shèn qì shèng chǐ gēng
岐伯曰：“女子七岁，肾气盛，齿更
fà zhǎng
发长。

èr qī ér tiān guǐ zhì rèn mài tōng tài chōng mài
“二七，而天癸至，任脉通，太冲脉
shèng yuè shì yǐ shí xià gù yǒu zǐ
盛，月事以时下，故有子。

sān qī shèn qì píng jūn gù zhēn yá shēng ér zhǎng
“三七，肾气平均，故真牙生而长
jí
极。

sì qī jīn gǔ jiān fà zhǎng jí shēn tǐ shèng zhuàng
“四七，筋骨坚，发长极，身体盛壮。

wǔ qī yáng míng mài shuāi miàn shǐ qiáo fà shǐ duò
“五七，阳明脉衰，面始焦憔，发始堕。

liù qī sān yáng mài shuāi yú shàng miàn jiē qiáo fà shǐ bái
“六七，三阳脉衰于上，面皆焦憔，发始白。

qī qī rèn mài xū tài chōng mài shuāi shǎo tiān guǐ jié dì dào bù tōng gù xíng huài ér wú zǐ yě
“七七，任脉虚，太冲脉衰少，天癸竭，地道不通，故形坏而无子也。

zhàng fū bā suì shèn qì shí fà zhǎng chǐ gēng
“丈夫八岁，肾气实，发长齿更。

èr bā shèn qì shèng tiān guǐ zhì jīng qì yì xiè yīn yáng hé gù néng yǒu zǐ
“二八，肾气盛，天癸至，精气溢泻，阴阳和，故能有子。

sān bā shèn qì píng jūn jīn gǔ jìng qiáng gù zhēn
“三八，肾气平均，筋骨劲强，故真

yá shēng ér zhǎng jí
牙生而长极。

sì bā jīn gǔ lóng shèng jī ròu mǎn zhuàng
“四八，筋骨隆盛，肌肉满壮。

wǔ bā shèn qì shuāi fà duò chǐ gǎo
“五八，肾气衰，发堕齿槁。

liù bā yáng qì shuāi jié yú shàng miàn qiáo fà
“六八，阳气衰竭于上，面焦憔，发

bìn bān bái
鬓颁斑白。

qī bā gān qì shuāi jīn bù néng dòng tiān guǐ
“七八，肝气衰，筋不能动，天癸

jié jīng shǎo shèn zàng shuāi xíng tǐ jiē jí
竭，精少，肾脏衰，形体皆极。

bā bā zé chǐ fà qù
“八八，则齿发去。

shèn zhě zhǔ shuǐ shòu wǔ zàng liù fǔ zhī jīng ér cáng
“肾者主水，受五脏六腑之精而藏

zhī gù wǔ zàng shèng nǎi néng xiè
之。故五脏盛，乃能泻。

jīn wǔ zàng jiē shuāi jīn gǔ xiè duò tiān guǐ jìn
“今五脏皆衰，筋骨解懈堕，天癸尽

yǐ gù fà bìn bái shēn tǐ zhòng xíng bù bú zhèng ér wú
矣。故发鬓白，身体重，行步不正，而无

zǐ ěr
子耳。”

dì yuē yǒu qí nián yǐ lǎo ér yǒu zǐ zhě hé
帝曰：“有其年已老而有子者，何

yě
也？”

Qí bó yuē cǐ qí tiān shòu guò dù qì mài cháng
岐伯曰：“此其天寿过度，气脉常

tōng ér shèn qì yǒu yú yě cǐ suī yǒu zǐ nán bú guò
通，而肾气有余也。此虽有子，男不过

jìn bā bā nǚ bú guò jìn qī qī ér tiān dì zhī jīng
尽八八，女不过尽七七，而天地之精

qì jiē jié yǐ
气皆竭矣。”

dì yuē fú dào zhě nián jiē bǎi shù néng yǒu zǐ
帝曰：“夫道者，年皆百数，能有子

hū
乎？”

Qí bó yuē fú dào zhě néng què lǎo ér quán xíng
岐伯曰：“夫道者，能却老而全形，

shēn nián suī shòu néng shēng zǐ yě
身年虽寿，能生子也。”

Huáng dì yuē yú wén shàng gǔ yǒu zhēn rén zhě tí
黄帝曰：“余闻上古有真人者，提

qiè tiān dì bǎ wò yīn yáng hū xī jīng qì dú lì shǒu
挈天地，把握阴阳，呼吸精气，独立守

shén jī ròu ruò yī gù néng shòu bì tiān dì wú yǒu zhōng
神，肌肉若一，故能寿敝天地，无有终

shí cǐ qí dào shēng
时，此其道生。

zhōng gǔ zhī shí yǒu zhì rén zhě chún dé quán dào
“中古之时，有至人者，淳德全道，

hé yú yīn yáng tiáo yú sì shí qù shì lí sú jī jīng
和于阴阳，调于四时，去世离俗，积精

quán shén yóu xíng tiān dì zhī jiān shì tīng bā dá zhī wài
全神，游行天地之间，视听八达之外，

cǐ gài yì qí shòu mìng ér qiáng zhě yě yì guī yú zhēn rén
此盖益其寿命而强者也，亦归于真人。

qí cì yǒu shèng rén zhě chǔ tiān dì zhī hé cóng
“其次有圣人者，处天地之和，从

bā fēng zhī lǐ shì shì yù yú shì sú zhī jiān wú huì
八风之理，适嗜欲于世俗之间，无恚

chēn zhī xīn xíng bú yù lí yú shì pī fú zhāng jǔ
嗔之心，行不欲离于世，被披服章，举

bú yù guān yú sú wài bù láo xíng yú shì nèi wú sī xiǎng
不欲观于俗，外不劳形于事，内无思想

zhī huàn yǐ tián yú wéi wù yǐ zì dé wéi gōng xíng tǐ
之患，以恬愉为务，以自得为功，形体

bú bì jīng shén bú sàn yì kě yǐ bǎi shù
不敝，精神不散，亦可以百数。

qí cì yǒu xián rén zhě fǎ zé tiān dì xiàng shì rì
“其次有贤人者，法则天地，象似日

yuè biàn liè xīng chén nì cóng yīn yáng fēn bié sì shí
月，辩[辨]列星辰，逆从阴阳，分别四时，

jiāng cóng shàng gǔ hé tóng yú dào yì kě shǐ yì shòu ér
将从上古，合同于道，亦可使益寿而

yǒu jí shí
有极时。”

sù wèn sì qì tiáo shén dà lùn piān dì èr
素问·四气调神大论篇第二

chūn sān yuè cǐ wèi fā chén tiān dì jù shēng wàn
春三月，此谓发陈，天地俱生，万

wù yǐ róng yè wò zǎo qǐ guǎng bù yú tíng pī fà
物以荣。夜卧早起，广步于庭，被[披]发

huǎn xíng yǐ shǐ zhì shēng shēng ér wù shā yǔ ér wù duó
缓形，以使志生，生而勿杀，予而勿夺，

shǎng ér wù fá cǐ chūn qì zhī yìng yǎng shēng zhī dào yě
赏而勿罚，此春气之应，养生之道也。

nì zhī zé shāng gān xià wéi hán biàn fèng zhǎng zhě shǎo
逆之则伤肝，夏为寒变，奉长者少。

xià sān yuè cǐ wèi fán xiù tiān dì qì jiāo wàn
夏三月，此谓蕃秀，天地气交，万
wù huā shí yè wò zǎo qǐ wú yàn yú rì shǐ zhì wú
物华[花]实。夜卧早起，无厌于日，使志无
nù shǐ huá yīng chéng xiù shǐ qì dé xiè ruò suǒ ài zài
怒，使华英成秀，使气得泄，若所爱在
wài cǐ xià qì zhī yìng yǎng zhǎng zhī dào yě nì zhī zé
外，此夏气之应，养长之道也。逆之则
shāng xīn qiū wéi jiē nüè fèng shōu zhě shǎo dōng zhì zhòng bìng
伤心，秋为痎疟，奉收者少，冬至重病。

qiū sān yuè cǐ wèi róng píng tiān qì yǐ jí dì
秋三月，此谓容平，天气以急，地
qì yǐ míng zǎo wò zǎo qǐ yǔ jī jù xīng shǐ zhì ān
气以明。早卧早起，与鸡俱兴，使志安
níng yǐ huǎn qiū xíng shōu liǎn shén qì shǐ qiū qì píng
宁，以缓秋刑，收敛神气，使秋气平，
wú wài qí zhì shǐ fèi qì qīng cǐ qiū qì zhī yìng yǎng
无外其志，使肺气清，此秋气之应，养
shōu zhī dào yě nì zhī zé shāng fèi dōng wéi sūn xiè fèng
收之道也。逆之则伤肺，冬为飧泄，奉
cáng zhě shǎo
藏者少。

dōng sān yuè cǐ wèi bì cáng shuǐ bīng dì chè wú
冬三月，此谓闭藏，水冰地坼，无
rǎo hū yáng zǎo wò wǎn qǐ bì dài rì guāng shǐ zhì ruò
扰乎阳。早卧晚起，必待日光，使志若
fú ruò nì ruò yǒu sī yì ruò yǐ yǒu dé qù hán jiù
伏若匿，若有私意，若已有得，去寒就
wēn wú xiè pí fū shǐ qì qì duó cǐ dōng qì zhī
温，无泄皮肤，使气亟夺，此冬气之
yìng yǎng cáng zhī dào yě nì zhī zé shāng shèn chūn wéi wěi
应，养藏之道也。逆之则伤肾，春为痿
jué fèng shēng zhě shǎo
厥，奉生者少。

tiān qì qīng jìng guāng míng zhě yě cáng dé bù zhǐ gù
天气清净光明者也，藏德不止，故
bú xià yě tiān míng zé rì yuè bù míng xié hài kōng qiào yáng
不下也。天明则日月不明，邪害空窍。阳
qì zhě bì sè dì qì zhě mào míng yún wù bù jīng zé
气者闭塞，地气者冒明，云雾不精，则
shàng yìng bái lù bú xià jiāo tōng bù biǎo wàn wù mìng gù bù
上应白露不下，交通不表，万物命故不
shī bù shī zé míng mù duō sǐ è qì bù fā fēng yǔ
施，不施则名木多死。恶气不发，风雨
bù jié bái lù bú xià zé yùn gǎo bù róng zéi fēng shuò
不节，白露不下，则菀蕴槁不荣。贼风数

zhì bào yǔ shuò qǐ tiān dì sì shí bù xiāng bǎo yǔ dào
至，暴雨数起，天地四时不相保，与道

xiāng shī zé wèi yāng jué miè wéi shèng rén cóng zhī gù shēn
相失，则未央绝灭。唯圣人从之，故身

wú qí bìng wàn wù bù shī shēng qì bù jié
无奇病，万物不失，生气不竭。

nì chūn qì zé shào yáng bù shēng gān qì nèi biàn
逆春气，则少阳不生，肝气内变。

nì xià qì zé tài yáng bù zhǎng xīn qì nèi dòng
逆夏气，则太阳不长，心气内洞。

nì qiū qì zé tài yīn bù shōu fèi qì jiāo mǎn
逆秋气，则太阴不收，肺气焦满。

nì dōng qì zé shào yīn bù cáng shèn qì dú chén
逆冬气，则少阴不藏，肾气独沉。

fú sì shí yīn yáng zhě wàn wù zhī gēn běn yě suǒ
夫四时阴阳者，万物之根本也。所

yǐ shèng rén chūn xià yǎng yáng qiū dōng yǎng yīn yǐ cóng qí
以圣人春夏养阳，秋冬养阴，以从其

gēn gù yǔ wàn wù chén fú yú shēng zhǎng zhī mén nì qí
根，故与万物沉浮于生长之门；逆其

gēn zé fá qí běn huài qí zhēn yǐ gù yīn yáng sì shí
根，则伐其本、坏其真矣。故阴阳四时

zhě wàn wù zhī zhōng shǐ yě sǐ shēng zhī běn yě nì zhī
者，万物之终始也，死生之本也，逆之

zé zāi hài shēng cóng zhī zé kē jí bù qǐ shì wèi dé
则灾害生，从之则疴疾不起，是谓得

dào dào zhě shèng rén xíng zhī yú zhě pèi zhī cóng yīn
道。道者，圣人行之，愚者佩之。从阴

yáng zé shēng nì zhī zé sǐ cóng zhī zé zhì nì zhī zé
阳则生，逆之则死；从之则治，逆之则

luàn fǎn shùn wéi nì shì wèi nèi gé
乱；反顺为逆，是谓内格。

shì gù shèng rén bú zhì yǐ bìng zhì wèi bìng bú zhì yǐ
是故圣人不治已病治未病，不治已

luàn zhì wèi luàn cǐ zhī wèi yě fú bìng yǐ chéng ér hòu yào
乱治未乱，此之谓也。夫病已成而后药

zhī luàn yǐ chénq ér hòu zhì zhī pì yóu kě ér chuān jǐng
之，乱已成而后治之，譬犹渴而穿井，

dòu ér zhù zhuī bú yì wǎn hū
斗而铸锥，不亦晚乎？

sù wèn líng lán mì diǎn lùn piān dì bā

素问·灵兰秘典论篇第八

Huáng dì wèn yuē yuàn wén shí èr zàng zhī xiāng shǐ
黄帝问曰：“愿闻十二脏之相使，

guì jiàn hé rú
贵贱何如？

Qí bó duì yuē xī hū zāi wèn yě qǐng suì yán zhī
岐伯对曰：“悉乎哉问也！请遂言之。

xīn zhě jūn zhǔ zhī guān yě shén míng chū yān
“心者，君主之官也，神明出焉。

fèi zhě xiàng fù zhī guān zhì jié chū yān
“肺者，相傅之官，治节出焉。

gān zhě jiāng jūn zhī guān móu lǜ chū yān
“肝者，将军之官，谋虑出焉。

dǎn zhě zhōng zhèng zhī guān jué duàn chū yān
“胆者，中正之官，决断出焉。

dàn zhōng zhě chén shǐ zhī guān xǐ lè chū yān
“膻中者，臣使之官，喜乐出焉。

pí wèi zhě cāng lǐn zhī guān wǔ wèi chū yān
“脾胃者，仓廪之官，五味出焉。

dà cháng zhě chuán dǎo zhī guān biàn huà chū yān
“大肠者，传道导之官，变化出焉。

xiǎo cháng zhě shòu chéng zhī guān huà wù chū yān
“小肠者，受盛之官，化物出焉。

shèn zhě zuò qiáng zhī guān jì qiǎo chū yān
“肾者，作强之官，伎巧出焉。

sān jiāo zhě　jué dú zhī guān　shuǐ dào chū yān

“三焦者，决渎之官，水道出焉。

páng guāng zhě　zhōu dū zhī guān　jīn yè cáng yān　qì

“膀胱者，州都之官，津液藏焉，气

huà zé néng chū yǐ

化则能出矣。

fán cǐ shí èr guān zhě　bù dé xiāng shī yě　gù

“凡此十二官者，不得相失也。故

zhǔ míng zé xià ān　yǐ cǐ yǎng shēng zé shòu　mò shì bú

主明则下安，以此养生则寿，殁世不

dài　yǐ wéi tiān xià zé dà chāng　zhǔ bù míng zé shí èr guān

殆，以为天下则大昌。主不明则十二官

wēi　shǐ dào bì sè ér bù tōng　xíng nǎi dà shāng　yǐ cǐ

危，使道闭塞而不通，形乃大伤，以此

yǎng shēng zé yāng　yǐ wéi tiān xià zhě　qí zōng dà wēi　jiè

养生则殃，以为天下者，其宗大危，戒

zhī jiè zhī

之戒之！

zhì dào zài wēi　biàn huà wú qióng　shú zhī qí yuán

“至道在微，变化无穷，孰知其原？

jiǒng hū zāi　xiāo zhě jù jù　shú zhī qí yào　mǐn mǐn zhī

窘乎哉！消者瞿瞿，孰知其要？闵闵之

dàng　shú zhě wéi liáng

当，孰者为良？

huǎng hū zhī shù shēng yú háo lí háo lí zhī shù
“恍惚之数，生于毫厘；毫厘之数，

qǐ yú dù liáng qiān zhī wàn zhī kě yǐ yì dà tuī zhī
起于度量。千之万之，可以益大，推之

dà zhī qí xíng nǎi zhì
大之，其形乃制。”

Huáng dì yuē shàn zāi yú wén jīng guāng zhī dào dà
黄帝曰：“善哉！余闻精光之道，大

shèng zhī yè ér xuān míng dà dào fēi zhāi jiè zé jí rì
圣之业，而宣明大道，非斋戒择吉日，

bù gǎn shòu yě **Huáng dì** nǎi zé jí rì liáng zhào ér cáng
不敢受也。”黄帝乃择吉日良兆，而藏

líng lán zhī shì yǐ chuán bǎo yān
灵兰之室，以传保焉。

sù wèn wǔ zàng bié lùn piān dì shí yī
素问·五脏别论篇第十一

Huáng dì wèn yuē yú wén fāng shì huò yǐ nǎo suǐ
黄帝问曰：“余闻方士，或以脑髓

wéi zàng huò yǐ cháng wèi wéi zàng huò yǐ wéi fǔ gǎn wèn
为脏，或以肠胃为脏，或以为腑。敢问

gēng xiāng fǎn jiē zì wèi shì bù zhī qí dào yuàn wén qí
更相反，皆自谓是，不知其道，愿闻其

shuō
说。”

Qí bó duì yuē nǎo suǐ gǔ mài dǎn nǚ
岐伯对曰：“脑、髓、骨、脉、胆、女

zǐ bāo cǐ liù zhě dì qì zhī suǒ shēng yě jiē cáng yú
子胞，此六者，地气之所生也，皆藏于

yīn ér xiàng yú dì gù cáng ér bú xiè míng yuē qí héng zhī
阴而象于地，故藏而不泻，名曰奇恒之

fǔ
府。

fú wèi dà cháng xiǎo cháng sān jiāo páng guāng
“夫胃、大肠、小肠、三焦、膀胱，

cǐ wǔ zhě tiān qì zhī suǒ shēng yě qí qì xiàng tiān gù
此五者，天气之所生也，其气象天，故

xiè ér bù cáng cǐ shòu wǔ zàng zhuó qì míng yuē chuán huà
泻而不藏。此受五脏浊气，名曰传化

zhī fǔ cǐ bù néng jiǔ liú shū xiè zhě yě
之府，此不能久留，输泻者也。

pò mén yì wéi wǔ zàng shǐ shuǐ gǔ bù dé jiǔ cáng
“魄门亦为五脏使，水谷不得久藏。

suǒ wèi wǔ zàng zhě cáng jīng qì ér bú xiè yě
“所谓五脏者，藏精气而不泻也，

gù mǎn ér bù néng shí liù fǔ zhě chuán huà wù ér bù
故满而不能实。六腑者，传化物而不
cáng gù shí ér bù néng mǎn yě suǒ yǐ rán zhě shuǐ gǔ
藏，故实而不能满也。所以然者，水谷
rù kǒu zé wèi shí ér cháng xū shí xià zé cháng shí ér wèi
入口，则胃实而肠虚；食下，则肠实而胃
xū gù yuē shí ér bù mǎn mǎn ér bù shí yě
虚。故曰实而不满、满而不实也。”

dì yuē qì kǒu hé yǐ dú wéi wǔ zàng zhǔ
帝曰：“气口何以独为五脏主？”

Qí bó yuē wèi zhě shuǐ gǔ zhī hǎi liù fǔ zhī
岐伯曰：“胃者，水谷之海，六腑之
dà yuán yě wǔ wèi rù kǒu cáng yú wèi yǐ yǎng wǔ zàng
大源也。五味入口，藏于胃，以养五脏
qì qì kǒu yì tài yīn yě shì yǐ wǔ zàng liù fǔ zhī qì
气。气口亦太阴也，是以五脏六腑之气
wèi jiē chū yú wèi biàn xiàn yú qì kǒu gù wǔ qì rù
味，皆出于胃，变见（现）于气口。故五气入
bí cáng yú xīn fèi xīn fèi yǒu bìng ér bí wéi zhī bú
鼻，藏于心肺，心肺有病，而鼻为之不
lì yě
利也。

fán zhì bìng bì chá qí xià shì qí mài guān qí
“凡治病必察其下，适其脉，观其

zhì yì yǔ qí bìng yě
志意与其病也。

jū yú guǐ shén zhě bù kě yǔ yán zhì dé wù yú
“拘于鬼神者，不可与言至德；恶于

zhēn shí zhě bù kě yǔ yán zhì qiǎo bìng bù xǔ zhì zhě
针石者，不可与言至巧；病不许治者，

bìng bì bú zhì zhì zhī wú gōng yǐ
病必不治，治之无功矣。”

sù wèn zàng qì fǎ shí lùn piān dì èr shí èr

素问·脏气法时论篇第二十二

Huáng dì wèn yuē hé rén xíng yǐ fǎ sì shí wǔ xíng
黄帝问曰：“合人形以法四时五行

ér zhì hé rú ér cóng hé rú ér nì dé shī zhī
而治，何如而从？何如而逆？得失之

yì yuàn wén qí shì
意，愿闻其事。”

Qí bó duì yuē wǔ xíng zhě jīn mù shuǐ huǒ tǔ
岐伯对曰：“五行者，金木水火土

yě gēng guì gēng jiàn yǐ zhī sǐ shēng yǐ jué chéng bài ér
也，更贵更贱，以知死生，以决成败，而

dìng wǔ zàng zhī qì jiàn shèn zhī shí sǐ shēng zhī qī yě
定五脏之气，间甚之时，死生之期也。”

dì yuē yuàn zú wén zhī
帝曰：“愿卒闻之！”

Qí bó yuē gān zhǔ chūn zú jué yīn shào yáng zhǔ
岐伯曰：“肝主春，足厥阴、少阳主

zhì qí rì jiǎ yǐ gān kǔ jí jí shí gān yǐ huǎn zhī
治，其日甲乙。肝苦急，急食甘以缓之。

xīn zhǔ xià shǒu shào yīn tài yáng zhǔ zhì qí rì
“心主夏，手少阴、太阳主治，其日

bǐng dīng xīn kǔ huǎn jí shí suān yǐ shōu zhī
丙丁。心苦缓，急食酸以收之。

pí zhǔ cháng xià zú tài yīn yáng míng zhǔ zhì qí
“脾主长夏，足太阴、阳明主治，其

rì wù jǐ pí kǔ shī jí shí kǔ yǐ zào zhī
日戊己。脾苦湿，急食苦以燥之。

fèi zhǔ qiū shǒu tài yīn yáng míng zhǔ zhì qí rì
“肺主秋，手太阴、阳明主治，其日

gēng xīn fèi kǔ qì shàng nì jí shí kǔ yǐ xiè zhī
庚辛。肺苦气上逆，急食苦以泄之。

shèn zhǔ dōng zú shǎo yīn tài yáng zhǔ zhì qí rì
“肾主冬，足少阴、太阳主治，其日

rén guǐ shèn kǔ zào jí shí xīn yǐ rùn zhī kāi còu
壬癸。肾苦燥，急食辛以润之。开腠

lǐ zhì jīn yè tōng qì yě
理，致津液，通气也。

bìng zài gān yù yú xià xià bú yù shèn yú
“病在肝，愈于夏；夏不愈，甚于
qiū qiū bù sǐ chí yú dōng qǐ yú chūn jìn dāng fēng
秋；秋不死，持于冬，起于春。禁当风。
gān bìng zhě yù zài bǐng dīng bǐng dīng bú yù jiā yú gēng
肝病者，愈在丙丁；丙丁不愈，加于庚
xīn gēng xīn bù sǐ chí yú rén guǐ qǐ yú jiǎ yǐ gān
辛；庚辛不死，持于壬癸，起于甲乙。肝
bìng zhě píng dàn huì xià bū shèn yè bàn jìng gān yù
病者，平旦慧，下晡甚，夜半静。肝欲
sàn jí shí xīn yǐ sàn zhī yòng xīn bǔ zhī suān xiè zhī
散，急食辛以散之，用辛补之，酸泻之。

bìng zài xīn yù zài cháng xià cháng xià bú yù
“病在心，愈在长夏；长夏不愈，
shèn yú dōng dōng bù sǐ chí yú chūn qǐ yú xià jìn
甚于冬；冬不死，持于春，起于夏。禁
wēn shí rè yī xīn bìng zhě yù zài wù jǐ wù jǐ
温食、热衣。心病者，愈在戊己；戊己
bú yù jiā yú rén guǐ rén guǐ bù sǐ chí yú jiǎ yǐ
不愈，加于壬癸；壬癸不死，持于甲乙，
qǐ yú bǐng dīng xīn bìng zhě rì zhōng huì yè bàn shèn píng
起于丙丁。心病者，日中慧，夜半甚，平

dàn jìng xīn yù ruǎn jí shí xián yǐ ruǎn zhī yòng xián bǔ
旦静。心欲软，急食咸以软之，用咸补
zhī gān xiè zhī
之，甘泻之。

bìng zài pí yù zài qiū qiū bú yù shèn yú
“病在脾，愈在秋；秋不愈，甚于
chūn chūn bù sǐ chí yú xià qǐ yú cháng xià jìn wēn
春；春不死，持于夏，起于长夏。禁温
shí bǎo shí shī dì rú yī pí bìng zhě yù zài
食、饱食、湿地、濡衣。脾病者，愈在
gēng xīn gēng xīn bú yù jiā yú jiǎ yǐ jiǎ yǐ bù sǐ
庚辛；庚辛不愈，加于甲乙；甲乙不死，
chí yú bǐng dīng qǐ yú wù jǐ pí bìng zhě rì dié huì
持于丙丁，起于戊己。脾病者，日昳慧，
rì chū shèn xià bū jìng pí yù huǎn jí shí gān yǐ huǎn
日出甚，下晡静。脾欲缓，急食甘以缓
zhī yòng kǔ xiè zhī gān bǔ zhī
之，用苦泻之，甘补之。

bìng zài fèi yù zài dōng dōng bú yù shèn yú
“病在肺，愈在冬；冬不愈，甚于
xià xià bù sǐ chí yú cháng xià qǐ yú qiū jìn hán
夏；夏不死，持于长夏，起于秋。禁寒
yǐn shí hán yī fèi bìng zhě yù zài rén guǐ rén guǐ
饮食、寒衣。肺病者，愈在壬癸；壬癸

bú yù jiā yú bǐng dīng bǐng dīng bù sǐ chí yú wù jǐ
不愈，加于丙丁；丙丁不死，持于戊己，
qǐ yú gēng xīn fèi bìng zhě xià bū huì rì zhōng shèn
起于庚辛。肺病者，下晡慧，日中甚，
yè bàn jìng fèi yù shōu jí shí suān yǐ shōu zhī yòng suān
夜半静。肺欲收，急食酸以收之，用酸
bǔ zhī xīn xiè zhī
补之，辛泻之。

bìng zài shèn yù zài chūn chūn bú yù shèn yú cháng
“病在肾，愈在春；春不愈，甚于长
xià cháng xià bù sǐ chí yú qiū qǐ yú dōng jìn fàn
夏；长夏不死，持于秋，起于冬。禁犯
cuì āi rè shí wēn jiǔ yī shèn bìng zhě yù zài jiǎ
焠烪、热食、温炙衣。肾病者，愈在甲
yǐ jiǎ yǐ bú yù shèn yú wù jǐ wù jǐ bù sǐ chí
乙；甲乙不愈，甚于戊己；戊己不死，持
yú gēng xīn qǐ yú rén guǐ shèn bìng zhě yè bàn huì
于庚辛，起于壬癸。肾病者，夜半慧，
sì jì shèn xià bū jìng shèn yù jiān jí shí kǔ yǐ jiān
四季甚，下晡静。肾欲坚，急食苦以坚
zhī yòng kǔ bǔ zhī xián xiè zhī
之，用苦补之，咸泻之。

fú xié qì zhī kè yú shēn yě yǐ shèng xiāng jiā
“夫邪气之客于身也，以胜相加，

zhì qí suǒ shēng ér yù zhì qí suǒ bú shèng ér shèn zhì yú
至其所生而愈，至其所不胜而甚，至于
suǒ shēng ér chí zì dé qí wèi ér qǐ bì xiān dìng wǔ zàng
所生而持，自得其位而起。必先定五脏
zhī mài nǎi kě yán jiàn shèn zhī shí sǐ shēng zhī qī yě
之脉，乃可言间甚之时，死生之期也。

gān bìng zhě liǎng xié xià tòng yǐn shào fù lìng rén shàn
“肝病者，两胁下痛引少腹，令人善
nù xū zé mù huāng huāng wú suǒ jiàn ěr wú suǒ wén shàn
怒；虚则目䀮䀮无所见，耳无所闻，善
kǒng rú rén jiāng bǔ zhī qǔ qí jīng jué yīn yǔ shào yáng
恐，如人将捕之。取其经，厥阴与少阳。
qì nì zé tóu tòng ěr lóng bù cōng jiá zhǒng qǔ xuè zhě
气逆则头痛，耳聋不聪，颊肿，取血者。

xīn bìng zhě xiōng zhōng tòng xié zhī mǎn xié xià
“心病者，胸中痛，胁支满，胁下
tòng yīng bèi jiān jiǎ jiān tòng liǎng bì nèi tòng xū zé xiōng fù
痛，膺背肩甲间痛，两臂内痛；虚则胸腹
dà xié xià yǔ yāo xiāng yǐn ér tòng qǔ qí jīng shào yīn
大，胁下与腰相引而痛。取其经，少阴、
tài yáng shé xià xuè zhě qí biàn bìng cì xì zhōng xuè zhě
太阳，舌下血者。其变病，刺郄中血者。

pí bìng zhě shēn zhòng shàn jī ròu wěi zú bù
“脾病者，身重，善肌，肉痿，足不

shōu xíng shàn chì jiǎo xià tòng xū zé fù mǎn cháng míng
收，行善瘛，脚下痛；虚则腹满，肠鸣，
sūn xiè shí bú huà qǔ qí jīng tài yīn yáng míng shào
飧泄，食不化。取其经，太阴、阳明、少
yīn xuè zhě
阴血者。

fèi bìng zhě chuǎn ké nì qì jiān bèi tòng hàn
“肺病者，喘咳，逆气，肩背痛，汗
chū kāo yīn gǔ xī bì shuàn héng zú jiē tòng
出，尻、阴、股、膝、髀、腨、胻、足皆痛；
xū zé shǎo qì bù néng bào xī ěr lóng yì gàn qǔ qí
虚则少气，不能报息，耳聋，嗌干。取其
jīng tài yīn zú tài yáng zhī wài jué yīn nèi xuè zhě
经，太阴、足太阳之外、厥阴内血者。

shèn bìng zhě fù dà jìng zhǒng chuǎn ké shēn zhòng
“肾病者，腹大，胫肿，喘咳，身重，
qǐn hàn chū zèng fēng xū zé xiōng zhōng tòng dà fù xiǎo
寝汗出，憎风；虚则胸中痛，大腹、小
fù tòng qìng jué yì bú lè qǔ qí jīng shào yīn
腹痛，清清厥，意不乐。取其经，少阴、
tài yáng xuè zhě
太阳血者。

gān sè qīng yí shí gān jīng mǐ niú ròu
“肝色青，宜食甘。粳米、牛肉、

zǎo kuí jiē gān
枣、葵皆甘。

xīn sè chì yí shí suān xiǎo dòu quǎn ròu lǐ
“心色赤，宜食酸。小豆、犬肉、李、
jiǔ jiē suān
韭皆酸。

fèi sè bái yí shí kǔ mài yáng ròu xìng xiè
“肺色白，宜食苦。麦、羊肉、杏、薤
jiē kǔ
皆苦。

pí sè huáng yí shí xián dà dòu shǐ ròu
“脾色黄，宜食咸。大豆、豕肉、
lì huò jiē xián
栗、藿皆咸。

shèn sè hēi yí shí xīn huáng shǔ jī ròu táo
“肾色黑，宜食辛。黄黍、鸡肉、桃、
cōng jiē xīn
葱皆辛。

xīn sàn suān shōu gān huǎn kǔ jiān xián ruǎn
“辛散，酸收，甘缓，苦坚，咸软。

dú yào gōng xié wǔ gǔ wéi yǎng wǔ guǒ wéi zhù
“毒药攻邪，五谷为养，五果为助，
wǔ chù wéi yì wǔ cài wéi chōng qì wèi hé ér fú zhī
五畜为益，五菜为充。气味合而服之，

yǐ bǔ jīng yì qì
以补精益气。

cǐ wǔ zhě yǒu xīn suān gān kǔ xián gè yǒu suǒ lì huò sàn huò shōu huò huǎn huò jí huò jiān huò ruǎn sì shí wǔ zàng bìng suí wǔ wèi suǒ yí yě
“此五者，有辛、酸、甘、苦、咸，各有所利，或散或收，或缓或急，或坚或软，四时五脏，病随五味所宜也。”

sù wèn zhēn jiě piān dì wǔ shí sì
素问·针解篇第五十四

Huáng dì wèn yuē yuàn wén jiǔ zhēn zhī jiě xū shí zhī dào
黄帝问曰：“愿闻九针之解，虚实之道。”

Qí bó duì yuē cì xū zé shí zhī zhě zhēn xià rè yě qì shí nǎi rè yě mǎn ér xiè zhī zhě zhēn xià hán yě qì xū nǎi hán yě
岐伯对曰：“刺虚则实之者，针下热也，气实乃热也；满而泄之者，针下寒也，气虚乃寒也。

yùn chén zé chú zhī zhě chū è xuè yě xié shèng
“菀蕴陈则除之者，出恶血也；邪胜

zé xū zhī zhě chū zhēn wù àn
则虚之者，出针勿按。

xú ér jí zé shí zhě xú chū zhēn ér jí àn
“徐而疾则实者，徐出针而疾按

zhī jí ér xú zé xū zhě jí chū zhēn ér xú àn zhī
之；疾而徐则虚者，疾出针而徐按之。

yán shí yǔ xū zhě hán wēn qì duō shǎo yě
“言实与虚者，寒温气多少也。

ruò wú ruò yǒu zhě jí bù kě zhī yě
“若无若有者，疾不可知也。

chá hòu yǔ xiān zhě zhī bìng xiān hòu yě
“察后与先者，知病先后也。

wéi xū yǔ shí zhě gōng wù shī qí fǎ
“为虚与实者，工勿失其法。

ruò dé ruò shī zhě lí qí fǎ yě
“若得若失者，离其法也。

xū shí zhī yào jiǔ zhēn zuì miào zhě wéi qí gè
“虚实之要，九针最妙者，为其各

yǒu suǒ yí yě
有所宜也。

bǔ xiè zhī shí zhě yǔ qì kāi hé xiāng hé yě
“补泻之时者，与气开阖相合也。

jiǔ zhēn zhī míng gè bù tóng xíng zhě zhēn qióng qí
“九针之名，各不同形者，针穷其
suǒ dāng bǔ xiè yě
所当补泻也。

cì shí xū qí xū zhě liú zhēn yīn qì lóng zhì
“刺实须其虚者，留针，阴气隆至，
nǎi qù zhēn yě cì xū xū qí shí zhě yáng qì lóng zhì
乃去针也；刺虚须其实者，阳气隆至，
zhēn xià rè nǎi qù zhēn yě
针下热，乃去针也。

jīng qì yǐ zhì shèn shǒu wù shī zhě wù biàn gēng
“经气已至，慎守勿失者，勿变更
yě shēn qiǎn zài zhì zhě zhī bìng zhī nèi wài yě jìn yuǎn
也。深浅在志者，知病之内外也。近远
rú yī zhě shēn qiǎn qí hòu děng yě
如一者，深浅其候等也。

rú lín shēn yuān zhě bù gǎn duò yě shǒu rú wò
“如临深渊者，不敢堕也。手如握
hǔ zhě yù qí zhuàng yě shén wú yíng yú zhòng wù zhě jìng
虎者，欲其壮也。神无营于众物者，静
zhì guān bìng rén wú zuǒ yòu shì yě
志观病人，无左右视也。

yì wú xié xià zhě yù duān yǐ zhèng yě bì zhèng
“义无邪下者，欲端以正也。必正

qí shén zhě yù zhān bìng rén mù zhì qí shén lìng qì yì
其神者，欲瞻病人目，制其神，令气易
xíng yě
行也。

suǒ wèi sān lǐ zhě xià xī sān cùn yě suǒ wèi
“所谓三里者，下膝三寸也。所谓
fū zhī zhě jǔ xī fēn yì jiàn yě jù xū zhě qiāo
跗之者，举膝分易见也。巨虚者，跻
zú héng dú xiàn zhě xià lián zhě xiàn xià zhě yě
足，骱独陷者。下廉者，陷下者也。”

dì yuē yú wén jiǔ zhēn shàng yìng tiān dì sì
帝曰：“余闻九针，上应天地、四
shí yīn yáng yuàn wén qí fāng lìng kě chuán yú hòu shì yǐ
时、阴阳，愿闻其方，令可传于后世，以
wéi cháng yě
为常也。”

Qí bó yuē fú yī tiān èr dì sān rén sì
岐伯曰：“夫一天、二地、三人、四
shí wǔ yīn liù lǜ qī xīng bā fēng jiǔ yě shēn
时、五音、六律、七星、八风、九野，身
xíng yì yìng zhī zhēn gè yǒu suǒ yí gù yuē jiǔ zhēn
形亦应之，针各有所宜，故曰九针。

rén pí yìng tiān rén ròu yìng dì rén mài yìng rén
“人皮应天，人肉应地，人脉应人，

rén jīn yìng shí rén shēng yìng yīn rén yīn yáng hé qì yìng
人筋应时，人声应音，人阴阳合气应
lǜ rén chǐ miàn mù yìng xīng rén chū rù qì yìng fēng rén
律，人齿面目应星，人出入气应风，人
jiǔ qiào sān bǎi liù shí wǔ luò yìng yě
九窍、三百六十五络应野。

gù yī zhēn pí èr zhēn ròu sān zhēn mài sì zhēn
“故一针皮，二针肉，三针脉，四针
jīn wǔ zhēn gǔ liù zhēn tiáo yīn yáng qī zhēn yì jīng
筋，五针骨，六针调阴阳，七针益精，
bā zhēn chú fēng jiǔ zhēn tōng jiǔ qiào chú sān bǎi liù shí wǔ
八针除风，九针通九窍，除三百六十五
jié qì cǐ zhī wèi gè yǒu suǒ zhǔ yě
节气。此之谓各有所主也。

rén xīn yì yìng bā fēng rén qì yìng tiān rén
“人心意应八风，人气应天，人
fà chǐ ěr mù wǔ shēng yìng wǔ yīn liù lǜ rén yīn
发、齿、耳、目、五声应五音六律，人阴
yáng mài xuè qì yìng dì rén gān mù yìng zhī jiǔ jiǔ
阳、脉、血气应地。人肝目应之九，九
qiào sān bǎi liù shí wǔ
窍三百六十五。

rén yī yǐ guān dòng jìng tiān èr yǐ hòu wǔ sè
“人一以观动静，天二以候五色。

qī xīng yìng zhī yǐ hòu fà wú zé wǔ yīn yī yǐ hòu
七星应之，以候发毋泽。五音一以候

gōng shāng jué zhǐ yǔ liù lǜ yǒu yú bù zú yìng zhī èr
宫商角徵羽，六律有余不足应之。二

dì yī yǐ hòu gāo xià yǒu yú jiǔ yě yī jié shù yìng zhī
地一以候高下有余，九野一节俞应之，

yǐ hòu bì jié sān rén biàn yì fēn rén hòu chǐ xiè duō xuè
以候闭节。三人变，一分人候齿泄多血

shǎo shí fēn jué zhī biàn wǔ fēn yǐ hòu huǎn jí liù fēn
少，十分角之变，五分以候缓急，六分

bù zú sān fēn hán guān jié dì jiǔ fēn sì shí rén hán wēn
不足，三分寒关节第，九分四时人寒温

zào shī sì shí yī yìng zhī yǐ hòu xiāng fǎn yī sì fāng
燥湿。四时一应之，以候相反一，四方

gè zuò jiě
各作解。”

sù wèn jīng luò lùn piān dì wǔ shí qī

素问·经络论篇第五十七

Huáng dì wèn yuē fú luò mài zhī xiàn yě qí wǔ
黄帝问曰：“夫络脉之见现也，其五

sè gè yì qīng huáng chì bái hēi bù tóng qí gù hé yě
色各异，青黄赤白黑不同，其故何也？”

Qí bó duì yuē jīng yǒu cháng sè ér luò wú cháng biàn yě
岐伯对曰：“经有常色而络无常变也。”

dì yuē jīng zhī cháng sè hé rú
帝曰：“经之常色何如？”

Qí bó yuē xīn chì fèi bái gān qīng pí huáng shèn hēi jiē yì yìng qí jīng mài zhī sè yě
岐伯曰：“心赤、肺白、肝青、脾黄、肾黑，皆亦应其经脉之色也。”

dì yuē luò zhī yīn yáng yì yìng qí jīng hū
帝曰：“络之阴阳，亦应其经乎？”

Qí bó yuē yīn luò zhī sè yìng qí jīng yáng luò zhī sè biàn wú cháng suí sì shí ér xíng yě
岐伯曰：“阴络之色应其经，阳络之色变无常，随四时而行也。

hán duō zé níng sè níng sè zé qīng hēi rè duō zé nào zé nào zé zé huáng chì cǐ jiē cháng sè wèi zhī wú bìng wǔ sè jù xiàn zhě wèi zhī hán rè
“寒多则凝泣(涩)，凝泣(涩)则青黑；热多则淖泽，淖泽则黄赤。此皆常色，谓之无病。五色具见(现)者，谓之寒热。”

dì yuē shàn
帝曰："善！"

sù wèn zhēng sì shī lùn piān dì qī shí bā
素问·征四失论篇第七十八

Huáng dì zài míng táng Léi gōng shì zuò
黄帝在明堂，雷公侍坐。

Huáng dì yuē fū zǐ suǒ tōng shū shòu shì zhòng duō yǐ shì yán dé shī zhī yì suǒ yǐ dé zhī suǒ yǐ shī zhī
黄帝曰："夫子所通书，受事众多矣。试言得失之意，所以得之，所以失之。"

Léi gōng duì yuē xún jīng shòu yè jiē yán shí quán qí shí yǒu guò shī zhě qǐng wén qí shì jiě yě
雷公对曰："循经受业，皆言十全，其时有过失者，请闻其事解也。"

dì yuē zǐ nián shào zhì wèi jí yé jiāng yán yǐ zá hé yé fú jīng mài shí èr luò mài
帝曰："子年少，智未及邪？将言以杂合耶？夫经脉十二，络脉

sān bǎi liù shí wǔ cǐ jiē rén zhī suǒ míng zhī gōng zhī suǒ
三百六十五，此皆人之所明知，工之所
xún yòng yě suǒ yǐ bù shí quán zhě jīng shén bù zhuān zhì
循用也。所以不十全者，精神不专，志
yì bù lǐ wài nèi xiāng shī gù shí yí dài
意不理，外内相失，故时疑殆。

zhěn bù zhī yīn yáng nì cóng zhī lǐ cǐ zhì zhī yī
“诊不知阴阳逆从之理，此治之一
shī yǐ
失矣。

shòu shī bù zú wàng zuò zá shù miù yán wéi dào
“受师不卒，妄作杂术，谬言为道，
gēng míng zì gōng wàng yòng biān shí hòu yí shēn jiù cǐ zhì
更名自功，妄用砭石，后遗身咎，此治
zhī èr shī yě
之二失也。

bú shì pín fù guì jiàn zhī jū zuò zhī báo hòu
“不适贫富贵贱之居，坐之薄厚，
xíng zhī hán wēn bú shì yǐn shí zhī yí bù bié rén zhī yǒng
形之寒温，不适饮食之宜，不别人之勇
qiè bù zhī bǐ lèi zú yǐ zì luàn bù zú yǐ zì míng
怯，不知比类，足以自乱，不足以自明，
cǐ zhì zhī sān shī yě
此治之三失也。

zhěn bìng bú wèn qí shǐ yōu huàn yǐn shí zhī shī
“诊病不问其始，忧患饮食之失
jié qǐ jū zhī guò dù huò shāng yú dú bù xiān yán
节，起居之过度，或伤于毒，不先言
cǐ cù chí cùn kǒu hé bìng néng zhòng wàng yán zuò míng
此，卒(猝)持寸口，何病能中，妄言作名，
wéi cū suǒ qióng cǐ zhì zhī sì shī yě
为粗所穷，此治之四失也。

shì yǐ shì rén zhī yǔ zhě chí qiān lǐ zhī wài
“是以世人之语者，驰千里之外，
bù míng chǐ cùn zhī lùn zhěn wú rén shì zhì shù zhī dào
不明尺寸之论，诊无人事。治数之道，
cóng róng zhī bǎo
从容之葆(宝)。

zuò chí cùn kǒu zhěn bú zhòng wǔ mài bǎi bìng suǒ
“坐持寸口，诊不中五脉，百病所
qǐ shǐ yǐ zì yuàn yí shī qí jiù shì gù zhì bù néng
起，始以自怨，遗师其咎。是故治不能
xún lǐ qì shù yú shì wàng zhì shí yù yú xīn zì dé
循理，弃术于市，妄治时愈，愚心自得。

wū hū yǎo yǎo míng míng shú zhī qí dào dào
“呜呼！窈窈冥冥，熟(孰)知其道？道
zhī dà zhě nǐ yú tiān dì pèi yú sì hǎi rǔ bù zhī
之大者，拟于天地，配于四海。汝不知

dào zhī yù shòu yǐ míng wéi huì
道之谕受，以明为晦。”

líng shū běn shén dì bā
灵枢·本神第八

Huáng dì wèn yú **Qí bó** yuē fán cì zhī fǎ xiān bì
黄帝问于歧伯曰：“凡刺之法，先必
běn yú shén xuè mài yíng qì jīng shén cǐ wǔ
本于神。血、脉、营、气、精、神，此五
zàng zhī suǒ cáng yě zhì qí yín yì lí zàng zé jīng shī
脏之所藏也，至其淫泆，离脏则精失、
hún pò fēi yáng zhì yì huǎng luàn zhì lǜ qù shēn zhě hé
魂魄飞扬、志意恍乱、智虑去身者，何
yīn ér rán hū tiān zhī zuì yú rén zhī guò hū hé
因而然乎？天之罪与欤？人之过乎？何
wèi dé qì shēng jīng shén hún pò xīn yì
谓德、气、生、精、神、魂、魄、心、意、
zhì sī zhì lǜ qǐng wèn qí gù
志、思、智、虑？请问其故。”

Qí bó dá yuē tiān zhī zài wǒ zhě dé yě dì
歧伯答曰：“天之在我者德也，地

zhī zài wǒ zhě qì yě dé liú qì bó ér shēng zhě yě
之在我者气也，德流气薄而生者也。

gù shēng zhī lái wèi zhī jīng liǎng jīng xiāng bó wèi zhī shén
故生之来谓之精，两精相搏谓之神，

suí shén wǎng lái zhě wèi zhī hún bìng jīng ér chū rù zhě wèi
随神往来者谓之魂，并精而出入者谓

zhī pò suǒ yǐ rèn wù zhě wèi zhī xīn xīn yǒu suǒ yì wèi
之魄，所以任物者谓之心，心有所忆谓

zhī yì yì zhī suǒ cún wèi zhī zhì yīn zhì ér cún biàn wèi
之意，意之所存谓之志，因志而存变谓

zhī sī yīn sī ér yuǎn mù wèi zhī lǜ yīn lǜ ér chǔ wù
之思，因思而远慕谓之虑，因虑而处物

wèi zhī zhì
谓之智。

gù zhì zhě zhī yǎng shēng yě bì shùn sì shí ér shì
“故智者之养生也，必顺四时而适

hán shǔ hé xǐ nù ér ān jū chǔ jié yīn yáng ér tiáo gāng
寒暑，和喜怒而安居处，节阴阳而调刚

róu rú shì zé pì xié bú zhì cháng shēng jiǔ shì
柔。如是，则僻邪不至，长生久视。

shì gù chù tì sī lǜ zhě zé shāng shén shén shāng zé
“是故怵惕思虑者则伤神，神伤则

kǒng jù liú yín ér bù zhǐ yīn bēi āi dòng zhōng zhě jié
恐惧，流淫而不止。因悲哀动中者，竭

jué ér shī shēng xǐ lè zhě shén dàn sàn ér bù cáng chóu
绝而失生。喜乐者，神惮散而不藏。愁

yōu zhě qì bì sè ér bù xíng shèng nù zhě mí huò ér
忧者，气闭塞而不行。盛怒者，迷惑而

bú zhì kǒng jù zhě shén dàng dàn ér bù shōu
不治。恐惧者，神荡惮而不收。

xīn chù tì sī lǜ zé shāng shén shén shāng zé kǒng jù
“心怵惕思虑则伤神，神伤则恐惧

zì shī pò jùn tuō ròu máo cuì sè yāo sǐ yú dōng
自失，破䐃脱肉，毛悴色夭，死于冬。

pí chóu yōu ér bù jiě zé shāng yì yì shāng zé mán
“脾愁忧而不解则伤意，意伤则悗

luàn sì zhī bù jǔ máo cuì sè yāo sǐ yú chūn
乱，四肢不举，毛悴色夭，死于春。

gān bēi āi dòng zhōng zé shāng hún hún shāng zé kuáng
“肝悲哀动中则伤魂，魂伤则狂

wàng bù jīng bù jīng zé bú zhèng dāng rén yīn suō ér luán
忘妄不精，不精则不正，当人阴缩而挛

jīn liǎng xié gǔ bù jǔ máo cuì sè yāo sǐ yú qiū
筋，两胁骨不举，毛悴色夭，死于秋。

fèi xǐ lè wú jí zé shāng pò pò shāng zé kuáng
“肺喜乐无极则伤魄，魄伤则狂，

kuáng zhě yì bù cún rén pí gé jiāo máo cuì sè yāo sǐ
狂者意不存人，皮革焦，毛悴色夭，死

yú xià
于夏。

shèn shèng nù ér bù zhǐ zé shāng zhì zhì shāng zé xǐ
“肾盛怒而不止则伤志，志伤则喜
wàng qí qián yán yāo jǐ bù kě yǐ fǔ yǎng qū shēn máo
忘其前言，腰脊不可以俛俯仰屈伸，毛
cuì sè yāo sǐ yú jì xià
悴色夭，死于季夏。

kǒng jù ér bù jiě zé shāng jīng jīng shāng zé gǔ
“恐惧而不解则伤精，精伤则骨
suān wěi jué jīng shí zì xià shì gù wǔ zàng zhǔ cáng jīng
痠，痿厥，精时自下。是故五脏主藏精
zhě yě bù kě shāng shāng zé shī shǒu ér yīn xū yīn xū
者也，不可伤，伤则失守而阴虚，阴虚
zé wú qì wú qì zé sǐ yǐ
则无气，无气则死矣。

shì gù yòng zhēn zhě chá guān bìng rén zhī tài yǐ
“是故用针者，察观病人之态，以
zhī jīng shén hún pò zhī cún wáng dé shī zhī yì wǔ
知精、神、魂、魄之存亡得失之意，五
zhě yǐ shāng zhēn bù kě yǐ zhì zhī yě
者以伤，针不可以治之也。

gān cáng xuè xuè shè hún gān qì xū zé kǒng shí
“肝藏血，血舍魂。肝气虚则恐，实

zé nù
则怒。

pí cáng yíng yíng shè yì pí qì xū zé sì zhī
“脾藏营，营舍意。脾气虚则四肢
bú yòng wǔ zàng bù ān shí zé fù zhàng jīng sǒu bú lì
不用，五脏不安；实则腹胀，经溲不利。

xīn cáng mài mài shè shén xīn qì xū zé bēi shí
“心藏脉，脉舍神。心气虚则悲，实
zé xiào bù xiū
则笑不休。

fèi cáng qì qì shè pò fèi qì xū zé bí sè
“肺藏气，气舍魄。肺气虚则鼻塞
bú lì shǎo qì shí zé chuǎn yè xiōng yíng yǎng xī
不利，少气；实则喘喝，胸盈，仰息。

shèn cáng jīng jīng shè zhì shèn qì xū zé jué shí
“肾藏精，精舍志。肾气虚则厥，实
zé zhàng wǔ zàng bù ān
则胀，五脏不安。

bì shěn wǔ zàng zhī bìng xíng yǐ zhī qí qì zhī xū
“必审五脏之病形，以知其气之虚
shí jǐn ér tiáo zhī yě
实，谨而调之也。”

跋：记住2018

2018年是值得记住的。这一年，北京四海经典文化传播中心与华夏出版社决定联合推出中华经典诵读工程新版丛书，这是继2005年北京四海经典文化传播中心与中华书局联合推出该丛书十三年之后又一次新的出版行动。

回望以往，北京四海经典文化传播中心致力于推动儿童经典诵读工程，转眼已20年，在这20年当中，中国发生了翻天覆地的变化，中华优秀传统文化的普及和弘扬同样也发生了翻天覆地的变化。赵朴初、任继愈、南怀瑾、汤一介等很多老前辈都已经离开了，他们当年以焦急迫切的心，呼吁社会、政府重视传统文化的普及、研究，如今已成为现实。2017年1月25日，中共中央办公厅、国务院办公厅联合下发了《关于实施中华优秀传统文化传承发展工程的意见》，教育部在此前也制订了《完善中华优秀传统文化教育指导纲要》，开展了“礼敬中华优秀传统文化”系列活动。两办文件指出，实施中华优秀传统文化传承发展工程，是建设社会主义文化强国的重大战略任务，对于传承中华文脉、全面提升人民群众文化素养、维护国家文化安全、增强国家文化软实力、推进国家治理体系和治理能力现代化，具有重要意义。要求深入阐发文化精髓，将传统文化教育贯穿国民教育终始，并以大众喜闻乐见的方式，融入人民的生产生活当中；有效推动中华优秀传统文化的创造性转化和创新性发展，推动中华文化走向世界、提升国家文化软实力。

党的十九大报告中，习近平总书记明确提出：“深入挖掘中华优秀传统文化蕴含的思想观念、人文精神、道德规范，结合时代要求继承创新，让中华文化展现出永久魅力和时代风采。”中华优秀传统文化是中华民族的血脉和基因，是构筑中国梦和中华民族伟大复兴的坚强基石。教育承担着弘扬和宣传中华优秀传统文化的使命。

弘扬中华优秀传统文化已成为新时代中国梦的重要组成部分，也是习近平总书记文化自信与治国理政的重要思想。政府和社会对传统文化的弘扬如此重视，这已足以告慰那些老前辈。

四海孔子书院，12年前在北京西山创办，在其前身——北京四海儿童经典导读教育中心、北京四海经典文化传播中心，发起推动的儿童经典诵读工程基础之上，将中华优秀传统文化转化成具体的办学教学实践。十多年下来，师生躬耕西山，逐步积累了一套课程教学管理师资体系。在书院创办十年的时候，就有不少海内外的师长、师友建议，将四海这十多年来的办学实践、经验教训，加以系统的总结整理，变成体制内外大家可以参考的内容。其中，课程和教材是一个重要的方面。基于此，四海孔子书院与华夏出版社联合成立专门机构，开始着手基于书院办学实践、课程教学的设计、生活修身运用，进行系统的编辑整理，形成系列的课程读本与教材。本次出版的丛书是第一辑基础读本，重点是儒家经典的读诵。

书院教育依循夫子，除了每日读诵经典，还要贯彻夫子的心性之学与礼乐之教，将经典的精神，化为书院师生的日常生活与修身落实。经典不仅仅是用脑子记，更要用我们的身体去行。按照王阳明先生的说法，真知在笃行当中，唯有在真切笃诚的行动当中，方有真知。书院教育，重视日常生活，以儒学的中庸来看，君子的终日乾乾与戒慎恐惧，须常常在一个自我与他人的时时警觉与提醒当中，而书院师生的朝夕相处、共同生活，则提供了最好的场域与氛围。

培养现代中国汇通中西的士君子，是书院教育的使命。为此，书院教育从这两个方面落实展开：一方面，注重老师的素质、学问、能力；另一方面，注重孩子们的基本态度和生活习惯的培养。我们深深明白，学以成人，书院欲培养一支中国文化的精锐力量，必须在日常生活的点点滴滴进行刻意的练习。犹如吃饭、走路、穿衣、睡觉、习劳等等，这些看似极为平常的行为，却是书院教育的重点所在。人莫不饮食也，但鲜能知味也。在儒家看来，人的日常行为，均能涵养德行。从对周边事事物物的体察，到进出应对、待人接物的态度和行为，都是累积德行的过程与方法。故书院教育日常强调，居敬存诚，持守诚敬，方能郑重其事，惟精惟一。

本次出版的这套读本，依然保持了传统读经本的特点，大字、拼音、指读、背诵。这是进入中国经典最基础、最本质的办法，铺就孩子中国文化的底色。时下，依然有不少人反对儿童读经，认为时代不同了，不需要孩子再大量背诵经典了。岂不知，经典无古今，经典是常理常道，无论生活在怎样的时代，这些根植于天道人心的经典，都是需要熟读于心的。经典是圣人的心，小朋友心性纯洁，与经典最能相应，先背下来，没有负担，慢慢长大，用一生去理解，这是学习经典最好的方法。但也不能把一味读经当成经典教育的全部，读了一定要解，还要行，还要悟。儒学的学习过程必须伴随血汗、泪水，还要经历世上的风霜。事上磨，心上练，长年的累积，方有功夫可言。

四海经历了20年的传统文化普及和弘扬以及书院办学实践，其间也走了一些弯路。一开始，我们让孩子们长时间大量读经，慢慢发现，孩子的心灵成长需要有丰富的养分，单单读经是不够的；进而改为缩短读经时间，增加礼乐、艺术与人文课程，孩子们快乐了很多。后又把读经变成富有音乐节奏的读书，让孩子们定四声，查韵目，断句读，并适度解读经典的义理，结合画面，配合现代语文教学，形成书院独有的经籍、治经与国文教学搭配融合的教学模式，孩子们喜欢，老师也渐入佳境，效果很好。随着书院儒师院的创办，我们也会把书院的办学探索与经验进行整理总结，与大家分享。

读经的孩子是有福的，读经的家庭是幸福的。愿读经之声遍及朝野，文化中国，再造不远。

是为后记。

冯哲

2018年夏 西山

图书在版编目（CIP）数据

道德经 黄帝内经（选）/ 北京四海经典文化传播中心编．— 北京：华夏出版社，2018.10

（中华经典诵读工程丛书）

ISBN 978-7-5080-9529-5

Ⅰ．①道… Ⅱ．①北… Ⅲ．①道家②《道德经》– 儿童读物③《内经》– 儿童读物 Ⅳ．①B223.1-49 ②R221-49

中国版本图书馆 CIP 数据核字（2018）第 168812 号

道德经　黄帝内经（选）

DAO DE JING　HUANG DI　NEI JING

编　　者 北京四海经典文化传播中心
策　　划 陈振宇　张　平
责任编辑 裘挹红　卫清静

出版发行 华夏出版社
经　　销 北京华夏元道文化传媒有限公司
印　　刷 三河市少明印务有限公司
装　　订 三河市少明印务有限公司
版　　次 2018 年 10 月北京第 1 版
2018 年 10 月北京第 1 次印刷
开　　本 850×1168　1/16 开
印　　张 7.25
字　　数 37 千字
定　　价 14.00 元

华夏出版社　地址：北京市东直门外香河园北里 4 号　邮编：100028　网址：www.hxph.com.cn
若发现本版图书有印装质量问题，请与我社营销中心联系调换。　电话：（010）64618981